U0331106

华东师范大学第二附属中学·校本教材

篮球教学与训练

鲁　茜◎编著

华东师范大学出版社

图书在版编目（CIP）数据

篮球教学与训练/鲁茜编著. —上海：华东师范
大学出版社，2018
ISBN 978 - 7 - 5675 - 8034 - 3

Ⅰ.①篮… Ⅱ.①鲁… Ⅲ.①篮球运动—体育教学—
高等学校②篮球运动—运动训练—高等学校 Ⅳ.
①G841.2

中国版本图书馆 CIP 数据核字（2018）第 164737 号

篮球教学与训练

编　　著　鲁　茜
策划组稿　王　焰
项目编辑　王国红
特约审读　王莲华
责任校对　林文君
装帧设计　卢晓红
插图摄影　井　冲

出版发行　华东师范大学出版社
社　　址　上海市中山北路 3663 号　邮编 200062
网　　址　www. ecnupress. com. cn
电　　话　021 - 60821666　行政传真 021 - 62572105
客服电话　021 - 62865537　门市（邮购）电话 021 - 62869887
地　　址　上海市中山北路 3663 号华东师范大学校内先锋路口
网　　店　http：//hdsdcbs. tmall. com/

印 刷 者　上海华顿书刊印刷有限公司
开　　本　787×1092　16 开
印　　张　7.5
字　　数　110 千字
版　　次　2018 年 9 月第 1 版
印　　次　2020 年 6 月第 2 次
书　　号　ISBN 978 - 7 - 5675 - 8034 - 3/G·11321
定　　价　32.00 元

出 版 人　王　焰

（如发现本版图书有印订质量问题,请寄回本社客服中心调换或电话 021 - 62865537 联系）

前 言

亲爱的老师、同学：

　　大家好！

　　欢迎使用《篮球教学与训练》校本选修课教材！这本书中的篮球专业知识源于我 10 多年的篮球专业训练经历，也是对自己近 10 年的体育教学经验的归纳和总结。撰写《篮球教学与训练》一书，是我一直以来的理想。

　　作为一名体育教师，在这些年的体育教学工作中，经常会碰到一些实际问题，有时也会产生一些困惑。基层一线教师的体育教学和专业发展需要指导，但在体育教学方面，可供参考的书籍、资料是非常欠缺的。即便是现有的一些体育教学理论方面的书籍，也很难与教学实践操作相衔接。在本书中，我把篮球教学的理论与课堂教学实践方法有机地整合起来，尝试将具体的、可操作的方式呈现给有需要的老师。基层老师，特别是青年教师，他们需要的就是解决教学中实践操作问题的方法。具体地说，就是需要教学策略、方式和方法。

　　通过不断地在教学实践中感悟、总结、提炼，本书研究总结出四个章节共 15 节课（每课 80 分钟）的内容：

　　第一章《技术篇》。选择篮球教学与训练的同学在初中阶段都进行过篮球基本的运球、传球、投篮等技术的学习。本章打破传统教材中对篮球基本技术的分类模式（如移动、传接球、投篮、运球、突破、抢篮板等），根据实战模式，将篮球技术分为后卫技术、中锋技术、前锋技术，帮助学生认识各个位置在篮球比赛中的作用及学练过程中可以采取的手段。第一节《后卫技术》，介绍篮球后卫在比赛中所起的重要作用，并让学生尝试能提高后卫技术的不同练习手段；第二节《中锋技术》，介绍中锋主要运用的进攻技术，并通过多样的练习手段有效地提高个人能力；第三节《前锋技术》，介绍前锋主要的进攻技术，通过不同的练习手段，促进个人进攻能力。

第二章《战术篇》。篮球战术是篮球比赛中队员所运用的攻守方法的总称。第一节和第二节介绍快攻和防守快攻，使学生先有快攻和防守快攻的战术意识。再通过多种战术路线的变化学习，让学生快攻的节奏能更流畅，防守端的防守能更有信心。第三、四、五、六节，介绍篮球基本战术配合及尝试不同战术的路线演练。第七、八节介绍区域联防和进攻区域联防的方法，组织学生练习并攻防对抗。第九节通过对比赛中几个特殊时期的战术打法的学习，使学生逐步加强对比赛关键球的把握。

第三章《篮球竞赛规则与裁判法》。篮球规则是篮球运动的法律性文件，裁判法是临场裁判员的工作方法。第一节通过组织学生学习篮球竞赛的主要规则，了解规则的精神和意图，在规则允许的范围内合理对抗，发挥技术特长，呈现精彩的比赛。第二节组织学习篮球裁判法，并培养优秀的学生服务于校内篮球联赛。第三节学习三对三篮球规则，校内女篮三对三比赛正如火如荼地进行，加强对三对三规则的学习是非常必要的。

第四章《篮球游戏》，拓展补充篮球游戏。

由于本人能力有限，本书所述的教学实践和战术应用是否能满足体育老师教学和学生自主学练的要求，尚需在体育教学与训练的实践中不断地加以验证。不管怎样，倘若本书能给同行一点有用的参考，我就很欣慰了。

由衷地希望各位同行和同学能够喜欢《篮球教学与训练》这本校本教材，期待我的努力能激发学生对篮球这项运动的热爱，并给学生提供一个可以展示自己特长的舞台。文明其精神，野蛮其体魄，养成主动锻炼的良好习惯，为终身体育打下根基，迎接更丰富精彩的人生！

编者

2018 年 5 月

本书图例

©   教练员

●   篮球

❶   防守队员

①   进攻队员

〰➤   运球路线

──➤   移动路线

┈┈➤   传球路线

──<   掩护

目　录

第一章　技术篇

第一节　后卫技术

在篮球比赛中,后卫分为组织后卫或控球后卫(Point Guard)和攻击后卫或得分后卫(Shooting Guard)。篮球后卫是比赛场上队员位置的名称,是组织全队攻防战术的主要发起者,是控制比赛节奏的重要队员。从篮球后卫的释义可以得出,篮球后卫是一个球队的核心,在场上有"发动机"之美誉,其在比赛中扮演球队组织者的角色。在组织进攻的过程中,后卫队员的理念、思想、技战术水平和得分能力将直接影响该队的进攻风格和水平。

学习目标

1. 了解篮球后卫的作用和后卫球性练习的方法。
2. 学会制定符合自身特点的练习方法。
3. 积极投入练习,享受运动的乐趣。

一、篮球后卫的作用

篮球后卫在比赛中具有队中"灵魂"的地位。从技战术的角度来看,他担负着较多的使命和责任,因为他是团结全队以比赛胜利为目标的组织者和指挥者,所以一个后卫队员的攻守能力,以及临场状态将直接影响比赛的胜负。后卫的作用有如下几个方面:

（一）桥梁作用

后卫可以视为场上队员和教练之间的"桥梁"。比赛过程中,教练员布置的攻守方案和战术思想主要的发动者就是篮球后卫,并由他们通过指挥和组织来贯彻实施。球场上的局势瞬息万变,要想及时抓住战机,合理调整攻防战略,掌握赛场上的主动权,仅依靠教练员场外布置和在有限的时间内去指挥肯定是不够的,所以就要求后卫队员务必与教练员思想统一并且坚决贯彻教练员的战术意图,与他保持密切的联系,稳中求变,以保证全队水平的正常发挥。

（二）组织和指挥作用

后卫是球场上的"指挥者"。比赛时,后卫队员持球移动至可以较为全面观察和了解双方队员攻守态势的最佳范围或位置,根据场上的防守队员与进攻队员的站位,准确快速地制定和实施下一步策略。然而,作为实施既定战术的指挥者和组织者,只贯彻执行比赛前的安排是不够的,更重要的是根据比赛的局势,领会教练员现场指挥的作战意图。

（三）攻击作用

后卫是较好的"得分手"。篮球比赛不仅是一项快速灵活、攻守对抗性激烈的运动,而且是一项要拼技战术心理的运动。纵观国内外赛事球场上的优秀后卫,我们发现,不少后卫队员场均得分都位于本队得分榜的前列。正是由于他们具有较高的得分能力,因而在关键的时刻他们的发挥对整个比赛的胜负走向起着极其重要的作用。

（四）表率作用

后卫是球队的"榜样"。他们在队里具有较高威信和号召能力,能够使整个球队凝聚在一起并释放能量。他们不仅是精神上的"领袖",而且在技术上是全队控制球、支配球最好的队员,同时也是重要的得分手,在比分胶着或者落后的时候,能以自己有效的攻击,为队友摆脱困境,带领团队走向胜利。

二、后卫的球性变化练习

篮球技术练习都是先从球性练习开始的,球性练习非常重要。球性练习要求队员左右手都要练,没有强弱手之分,如果教师在训练当中发现队员有强弱手的情况,则要重点加强队员弱侧手的训练,以达到左右手都能熟练控制球的目的,最终在实战中可以运用自如。

(一)行进间胯下绕球练习

行进间胯下绕球练习:左腿向前跨步时,球从右手经胯下传递到左手。再跨右腿,左手上的球经胯下传递到右手上,依次向前。

方法:所有队员如①②③④⑤每人一球,站到一侧边线位置,相互之间保持一定的距离,听教师口令,所有队员向另一侧边线位置做行进间胯下绕球练习,当到达另一侧边线后做后退的胯下绕球练习(如图1-1所示)。

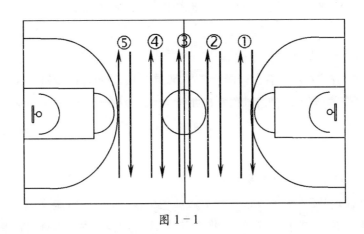

图 1-1

要点:不要让球落地,身体重心要低,不要起伏。抬头,目视前方,速度由慢到快。

递进式练习:行进间胯下运球练习。

变化形式:和上个方法类似,不同点在于队员们要做胯下运球。

要点:队员们一手做胯下运球,同时另一只手触摸一次地面,如果队员水平是比较低的,可以两次运球做一次胯下运球。

（二）原地单手拉球练习

原地单手拉球练习：身体成半蹲姿态,上体稍前倾,单手体前变向运球,加大变向的幅度。左右拉球是队员在比赛中经常会用到的一个动作,这种练习不仅能很好地练习球性,而且在比赛中非常实用。

方法：所有队员横跨边线站立,每人一个篮球,降低重心做单手的左右来回拉球练习。抬头,目视前方。

变化1：行进间的左右拉球练习

方法：队员们单手行进间到达另一侧边线位置,然后后退做同样的拉球动作回到起始位置。注意向左侧运球时,手接触球的右侧;向右侧运球时,手接触球的左侧（如图1-1所示）。

变化2：行进间前后拉球练习

方法：队员们单手行进间到达另一侧边线位置,然后后退做同样的拉球动作回到起始位置。注意向后拉球时,手接触球的前侧;向前拉球时,手接触球的后侧。

变化3：行进间左右拉球接前后拉球练习

方法：这个练习结合上面两个练习,队员们在做行进间拉球的时候先做左右拉球再做前后拉球,两种动作交替进行。

要点：左右手都要练习,拉球时眼睛要向前看,余光看球,速度可以随着练习的深入逐渐加快。

（三）行进间背后运球练习

行进间背后运球练习：以右手运球为例。变向时,右手将球拉到右侧身后,迅速转腕拍球的右后方,将球从身后拍至身体的左侧前方,接左手运球。

背后运球用于当防守右脚（左脚）在前时,换手突破防守。这个动作通过向左改变方向,从防守人右侧突破。

方法：所有队员站在一侧边线（如图1-1所示）,每人一个球,队员做行进间背后运球,左右手交替进行。队员从一侧边线前进到另一侧边线,到达另一侧边线后,用同样的动作做后退的练习。尽量一次运球完成背后绕身体一周的运球,如果队员一次不能完成的话,可以两次运球完成,这种练习可以增加队员们的愉悦感和创造力。

要点:左右手都要练习,运球时眼睛要向前看,余光看球,速度可以随着练习的深入逐渐加快。

(四)行进间转身运球练习

行进间转身运球练习:以右手运球为例。左腿向前跨步为中枢脚,右腿做后撤步转身时,右手加力运球,肘关节内收贴近身体,手接触球的侧面,转身时重心不要起伏,转身后放球,接左手运球。

转身运球用于被紧逼时,它可以最大限度地保护球(运球队员的身体处于球和防守人之间)。不过这个动作的缺点是在转身的一刹那,防守人和同伴不在你的视线内。脚步动作包括一个跳步急停和一个"Z"形移动。以左脚做中枢脚后转身或旋转270度,在转身同时用右手拉球,直到完成转身,同时右脚迈出第一步。球应贴近身体,减小半径,提高转身的速度。转身完成后,球转移到对侧手,重新获得对全场范围的视野。这个动作是由右手运球转移到左手的,人的前进方向是自右转向左。

方法:所有队员站到一侧边线,每人一个球,队员做行进间转身运球,左右手交替进行。队员从一侧边线前进到另一侧边线,到达另一侧边线后,再转身运球回到起点。

要点:左右手都要练习,运球时眼睛要向前看,余光看球。

(五)里外虚晃运球练习

里外虚晃运球练习:以右手运球为例,运球时身体向左侧做假动作,再向右突破。

方法:所有队员站立在一侧边线(如图1-1所示),每人一个球,重心降低,做原地的里外虚晃运球练习。

要点:球的高度一定不要超过膝关节,队员原地运球20次后,做行进间的同样动作,运球到对侧边线,到达另一侧边线后,做后退的行进间里外虚晃练习。右侧做完再换成左侧。这个是虚晃练习的基本功,也能练习到大腿的肌肉力量。

（六）虚晃加体前变向运球练习

虚晃加体前变向运球练习：以右手运球为例，先向右侧做突破的假动作，再将球体前变向至左手运球。

方法：所有队员站立在一侧边线（如图1-1所示），每人一个球，先进行原地的虚晃加体前变向练习，练习20次之后，做行进间的同样动作，运球到对侧边线，当到达另一侧边线后再做后退的练习。进行这个练习时节奏感非常重要，身体重心要左右来回移动，但不要上下起伏。

要点：左右手交替进行。

（七）行进间双手运球练习

行进间双手运球练习：左右手同时进行的运球练习。

方法：所有队员站位（如图1-1所示），每人两个球。队员双手同时行进间运球，当到达边线后，做后退的同样动作的练习。

要点：运球时队员要控制高度，运球要用力。

变化1：双手行进间3次低运球接3次高运球

方法：队员行进间双手运球到达另一侧边线位置，然后后退做同样的动作回到起始位置，注意高低变化时控制好球。

变化2：双手行进间交替运球

方法：同上。

变化3：压力对抗下，双手行进间运球

方法：两人面对面站立，一人双手行进间运球，一人用力抵住运球人的肩膀，运球人在有压力的状态下，向前行进双手运球，两人交替进行。

（八）节奏感模仿练习

节奏感模仿练习：两人一组，一人做各种运球练习时，另一个人模仿他的运球动作，并根据对方运球节奏的变化，自己能迅速作出调整。

方法：所有队员双手持球，一人原地做节奏感的运球练习。不同的力度和时间间隔，球在地板上所发出的声音是不同的，要求其他队员在听见这种节奏的声音后也要跟着这种节奏做相同动作的运球。

变化1：随着队员节奏感的增强可以变换练习内容，一个队员做节奏感的练习时,其他队员做相反节奏的连续练习。

变化2:随意动作练习

方法:队员双手持球,闭上眼睛做随意动作的30秒运球练习。

(九)两人一组的激励运球练习

两人一组激励运球练习:一人运球,一人防守,防守人不断地用肘推按运球人,通过肢体加压,并结合语言提醒和鼓励,提高运球能力。

方法:两人一组,一名队员双手随意运球,另一名队员用肘推运球人,同时通过语言上的激励,使得持球人更加努力。

变化1:运球同时接传球

方法:两人一组,一人单手运球,同时另一只手接对面队员的传球,再回传给对面队员。

变化2:运球同时接网球

方法:两人一组,一人单手运球,同时另一只手接对面队员传来的网球,再回传给对面队员。

(十)两人一组的运球加踢球组合练习

运球加踢球组合练习:两人一组,双手运球的同时,接对面队员踢来的足球,手脚协调配合。

方法:两人一组面对面站立(如图1-2所示)队员每人两个球,同时每组地面放置一个足球。队员们双手同时大力运球,并且和同伴相互配合,用脚去踢球,同伴用脚接到球后踢回给队友。

变化:先原地运球加踢球组合之后再行进间的踢球练习

要点:队员注意力不仅要集中在双手运球上,同时也要集中到踢球上,这样可以培养队员一心二用的能力。

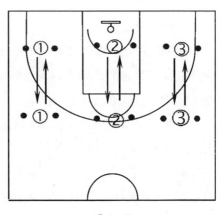

图1-2

（十一）行进间固定路线的运球练习

行进间固定路线的运球练习：两组队员分别从端线与两边边线交点位置出发，双手运球。端线、罚球线采用侧滑步，分位线采用行进间双手运球，依次进行练习。

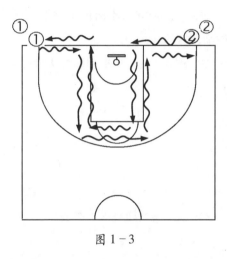

图 1－3

方法：所有队员分成两组，分别站到两侧底线边角位置（如图 1－3 所示），每组排头队员持两个球同时先沿着端线做横滑步的运球练习，当到达端线与 3 秒区线位置后，沿着分位线做前进的双手同时运球，之后到达罚球线后做横滑步练习，然后后退，最后横滑步回到对侧底角。队员们在到达罚球线附近时会相遇，这时候一定要及时交流和沟通，避免碰撞。

变化：一手高运球，一手低运球的相同路线练习

这种练习方式可以训练队员之间的沟通能力。

三、上篮练习

（一）全场运球上篮练习

各种球性变化练习之后，接下来便是结合运球和上篮的练习。在快攻当中，后卫运球快速推进，和平时运球的速度是不一样的，我们在训练中也要重点加强后卫的快速运球推进的能力。

方法：所有队员排成一排单手持球，以最快的方式 4 次运球推进到前场后上篮（如图 1－4 所示）。

要点：规定队员在推进的过程中只能单手运球，去的时候用右手，返回时用左手。这种练习能够迫使队员在快攻当中以最快的速度推进，而不是以阵地战时的运球速度，这样才能够在快攻当中以最短的时间通过全场。

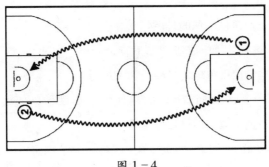

图 1-4

变化 1：全场运球加虚晃上篮

方法：运球到对侧 3 分线附近，做急停虚晃后直接三步上篮。

要点：虚晃假动作后不需要运球，直接三步上篮。

变化 2：全场运球加虚晃体前变向运球上篮

方法：运球到对侧 3 分线附近后做急停虚晃体前变向后三步上篮。

变化 3：全场运球加单手背后运球上篮

方法：运球到对侧 3 分线附近后做单手背后上篮。注意：做单手背后运球后，不要再运球，直接三步上篮。

变化 4：全场运球且急停小碎步后加速突破上篮

方法：运球到对侧 3 分线附近后急停，小碎步加速突破上篮。小碎步后左侧右侧皆可上篮得分。

（二）篮下勾手练习

方法：所有队员在篮下排成一队，面对篮筐做正面的左右手打板勾手练习，左侧用左手勾手后，在最高点拿到篮板球，换成右手从右侧勾手，尽量不要让球落到地面。

要点：脚步动作清楚。

变化 1：双球的左右来回打板勾手练习

方法：和上个方法类似，只是增加了一个球，两手各持一个球，左手勾手投篮，左手接住下落的球，之后右手勾手投篮，右手接住球。

变化 2：不打板双球的勾手练习

方法：练习同上，只是尽量空心入网，不要打板投篮。

变化3：背对篮筐做单球的打板勾手练习

方法：练习同上，从面向篮板变成背向篮板。

变化4：背对篮筐做单球不打板的勾手练习

方法：练习同上，从面向篮板变成背向篮板，尽量空心入网。

变化5：背对篮筐双球的打板勾手练习

方法：背对篮板，增加了一个球，两手各持一个球，左手勾手投篮，左手接住下落的球，之后右手勾手投篮，右手接住球。

（三）五点连续上篮练习

方法：在半场左右零度角、45°角和弧顶三分线位置这5个点分别放置5个标志物（如图1-5所示）。队员持球从右侧零度角标志物开始，接教师传球后不运球直接上篮，如果上篮进球的话就移动到左侧零度角标志物位置，如果上篮不进则重新回到标志物1前重做，如此依次完成5个标志物点的上篮练习。

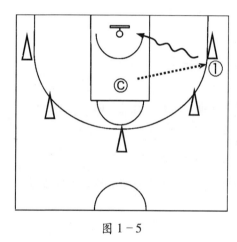

图1-5

要点：左侧位置左手上篮，右侧位置右手上篮。如果上篮不进就重做这个点的上篮。这不仅仅是一种体能练习，更是心理上的不断挑战。锻炼队员在体力将要耗尽的情况下完成上篮的能力。

变化1：五点连续反手上篮的练习

方法：同上。

变化2：五点连续的一次运球后虚晃上篮练习

方法：队员持球从标志物1点开始，接教师传球一次运球后虚晃上篮，如果上篮进球的话就移动到标志物2点，如果上篮不进则重新回到标志物1前重做，如此依次完成5个标志物点的上篮练习。

要点：教师可以把如虚晃、体前变向等一些动作加入到这次上篮的练习当中。在训练过程中教师要时刻观察队员的表现，脚步是否正确，左右手是否均衡，如果哪方面有问题在接下来的训练中就要重点强化这方面的训练。

　　课后作业：

　　1. 本节课中介绍的是单人球性练习方法，学生每日可抽出半小时的时间进行练习。

　　2. 每人准备一本笔记本，记录每次课的学习心得。

　　3. 利用体锻课的时间进行投篮的练习。中远距离投篮采用 100 分制。

　　4. 每日保证一定量的身体素质锻炼。根据自身情况，有针对性地锻炼耐力、速度、力量等身体素质。

第二节　中锋技术

　　中锋队员进攻技术在篮球比赛中的作用不容忽视，娴熟的进攻技术可以增加投篮机会，使赢得比赛的机率大大提高。除中锋队员进攻技术外，还需注重中锋队员本身的协调性和灵活度的训练。不仅如此，中锋队员的自信也是非常重要的，拥有自信，可以增强中锋队员的战斗力。

学习目标

　　1. 了解篮球中锋的主要进攻技术。

　　2. 学会并灵活应用 2—3 种进攻方法。

　　3. 积极投入练习，善于互助合作学练。

一、篮球中锋运用的主要进攻技术

（一）篮球中锋跳投进攻

在篮球比赛投篮过程中，最常用的方法就是跳投，一般情况下，比赛中的中锋队员都居于限制区进行接球动作,当对方防守队员靠近时,中锋队员一般会以防守队员为点做一个转身投篮的动作,当对方防守队员与其距离较远的时候,中锋队员会进行直接转身投篮或假动作突破上篮。

（二）篮球中锋勾手进攻

勾手进攻技术在中锋进攻技术中是比较难把握的一种进攻方式,原因在于,它要求中锋队员用手来把握篮球与篮板的距离,以便更好地发起投篮攻势。

（三）篮球中锋补篮进攻

补篮可以说是投篮的二次机会,倘若投篮队员一次投篮没有投中,中锋队员或其他队员就会及时地抢占便于投篮的有利位置,这样可以增加其二次投篮的命中率。

（四）假性投篮

在篮球比赛中,当中锋队员遇到过于迅猛的防守队员时,总会采取假性投篮的进攻方式,从而达到吸引防守队员注意力的目的。中锋队员用假性投篮,将对方视线转移到篮球应该划过的弧线,而此时中锋队员就可以趁此机会到篮下投篮。

二、篮球中锋的技术练习

教师要注意把平时训练环境和比赛环境相结合,最大程度地去模拟比赛,这能让队员建立起强烈的对抗竞争意识,在攻防中时刻保持侵略性,可以更迅速地适应比赛。

（一）传球练习

变化 1：双手胸前传球

变化 2：双手击地传球

变化 3：头上传球假动作接单手击地传球

变化 4：头上传球

变化 5：向下挥摆球后接头上传球

变化 6：刺探步后接头上传球

方法:分成两组面对面站起,一组持球,一组准备接球(如图1-6所示)。

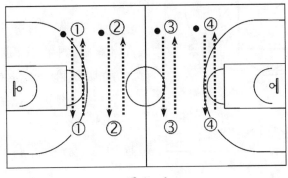

图1-6

要点:传接球时保持三威胁姿势(双膝微弯曲,身体微蹲,双脚分开与肩部同宽,腰部绷直,身体躯干微前倾,触球部位与投篮姿势相同,三威胁姿势等于做好了传球、投篮和运球突破的准备)站立,根据个人情况可前后脚站立。

(二)侧滑步行进间胸前传球

方法:队员持球分成两队到底线站立,两名队员相距4—5米,利用侧滑步向中线方向移动,同时传接球,一名队员胸前直线传球,一名队员胸前击地传球。当第一组队员行进至中线时,第二组队员出发(如图1-7所示)。

要点:传球时,双手持球于下颌位置,不要将球放到胸口。移动方向的同侧脚先跨出去,后侧脚再蹬。保持三威胁姿势,控制重心避免上下起伏,注意相互沟通减少失误。

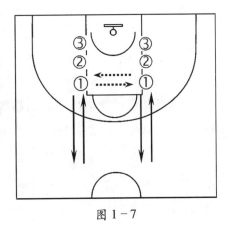

图1-7

三、中锋对抗性练习

(一)两人攻防对抗上篮练习

方法:两人一组,从中线出发,①队员持球上篮,❶队员防守,①队员上篮结

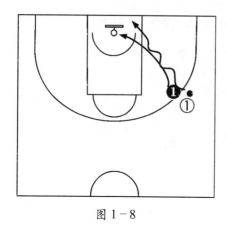

图 1-8

束后与防守队员互换位置(如图 1-8 所示)。

要点:①队员利用肩膀顶靠防守人,在上篮过程中控制速度,保证对抗强度。防守队员在防守时不断给予持球人压迫,直至上篮结束。

变化 1:进攻防守队员未能完全超越防守,始终用肩膀挤靠防守上篮

变化 2:防守队员跟防至限制区附近,进攻队员突然加速跨步突破上篮

变化 3:对抗到限制区附近防守队员卡位封堵进攻队员上篮路线,进攻队员后转身运球上篮

变化 4:对抗到限制区附近防守队员封堵上篮路线,进攻队员后转身运球后接假动作投篮

方法:两人一组,从中线出发,①队员持球上篮,❶队员防守,①队员上篮结束后与防守队员互换位置。

要点:防守队员在防守时不断给予持球人压迫,直至上篮结束。

(二)6秒全场1对1攻防对抗练习

方法:①代表进攻队员,②③代表场下轮换队员,❶代表防守队员。开始阶段:①队员从中线持球开始进攻,❶队员防守,①队员进攻成功后继续进攻,❶队员跟②队员进行防守轮换。如果①队员没有进攻成功,❶队员抢到后场篮板后则立刻进行攻防转换,攻防过程中包含篮板球,攻防直至进球才进行轮换。进球的得分算入队员个人得分,分数由教师来拟定,当达到相应分数时练习结束(如图 1-9 所示)。

要点:过半场后6秒钟时间内完成进攻,攻防中没有边线限制,时刻保持对抗性,在疲劳时合理分配体能。

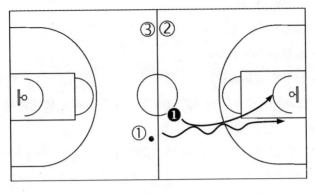

图 1-9

四、中锋位置技术练习

(一)原地对抗性勾手练习

方法:中锋在无撞人区前,呈三威胁姿势侧身面向边线站立,防守人可以通过推挤髋部等动作加入对抗因素。

要点:重心保持在同一水平面,眼睛观察篮筐,出手点处在身体侧面远端。

变化1:向后转身假动作后勾手投篮

变化2:原地勾手投篮假动作后跨步投篮

变化3:向后转身假动作接原地勾手假动作后投篮

变化4:后转身后投篮

方法:方法同上,10次进攻,攻防互换。

(二)内线队员抢篮板球后快传练习

方法:内线队员站于篮下,向篮板抛球后跳步急停抢篮板,抢到篮板球后快速传球给队友,队友接球后运球上篮(如图1-10所示)。

要点:抛球时预判落点,结合之前

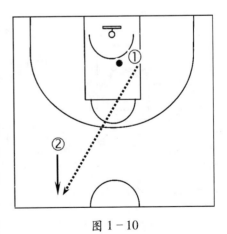

图 1-10

练习的传球技术快速传球。

变化1：抢篮板运1次球后接传球

变化2：抢篮板后头上传球

变化3：抢篮板后胸前传球

方法：方法同上，抢到篮板球后快速传球给队友，队友接球后运球上篮。

（三）单手连续打篮板练习

方法：模拟单手抢篮板，一只手模拟阻挡防守人，另一只手配合起跳连续击打篮板。

要点：全力快速起跳，控制好身体重心，判断回球落点，把握起跳时机。

变化1：右手连续打篮板

变化2：左手连续打篮板

变化3：左右手交替打篮板

要点：篮下连续起跳，控制好重心，判断落点，把握起跳时机。

（四）持球碰篮板后投篮练习

方法：双手持球举于头上，双脚与肩同宽，屈膝向上尽力纵跳，起跳时伸直手臂用球去碰撞篮板。

要点：尽最大能力连续起跳碰篮板，到达规定次数后投篮完成练习。

（五）拿地板球后上篮练习

方法：拿两个球放置限制区45°处，队员选择一侧迅速捡起球后跨步上篮，拿到篮板放回原位，然后转换至另一侧继续捡球上篮，10次进球后，换下一个队员（如图1-11所示）。

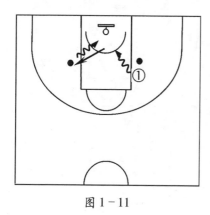

图1-11

要点：队员降低重心，迅速捡球后调整步伐进行上篮。

（六）低位攻守对抗练习

方法：教师在三分线外准备传球，内线队员利用摆脱技术进行要球，低位接球后，只允许通过1次运球内切，随后利用半

转身,后转身,假动作等技术去调动防守
人,重心移动后,完成勾手投篮(如图
1-12所示)。

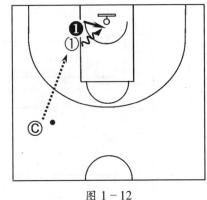

图1-12

要点:运球时降低重心,跳步急停,
利用肩膀挤开防守人,出手时,眼看篮筐,
出手点处在身体侧面。

变化1:向后转身假动作接勾手投篮

变化2:转身后勾手投篮

变化3:原地假动作接勾手投篮

变化4:后转身假动作接原地勾手投篮,假动作接跨步上篮

变化5:结合以上所有脚步进行1对1练习

方法:同上。

要点:连续进攻10次,两人互换,鼓励对抗,积极防守。

五、平衡练习

平衡练习可以加强和激活我们的腿部力量,在高水平比赛中经常可以看到
队员在一些失去平衡的情况下出手命中,这就是平衡练习在日常训练中给予的
帮助。在平时的训练中,应注重平衡感的练习。

(一)全场纵跳练习

方法:所有队员站成一列位于底线(如图1-13所示),根据教师口令进行
练习。

要点:两腿稍微分开,膝盖微屈,身体前倾,两臂从后向前做有力挥动时,前
脚掌迅速蹬地,膝关节充分蹬直,同时展髋向前跳起,起跳后控制重心,轻盈落
地并快速变为准备姿势,教师可以通过推搡来检验稳定程度。

变化1:双脚向前纵跳,停1秒

变化2:双脚向前纵跳,停3秒

变化3:双脚向前纵跳后接向上纵跳,停1秒

变化4:双脚向前纵跳后接向上纵跳,停3秒

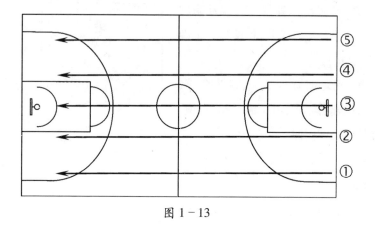

图 1-13

变化 5：单腿模拟上篮纵跳练习

方法：同上。

要点：根据教师要求进行练习，通过全场跳跃，中间间隔 30 秒，进行下一组练习。

（二）无球两步急停跳投练习

方法：队员站成一列横队至底线（如图 1-13），根据教师口令一起出发，左右脚交替上步。

要点：上步时，出脚平稳，保持重心稳定，两步完成急停，避免多余碎步，跳投时，屈膝挺腰，身体重心落在两脚中间，把力量集中在腿上，用力跳起，注意投篮和起跳同步，在最高点将球投出，过程中控制身体，跳投后尽可能落回起跳点。

（三）无球原地假动作练习

方法：队员站成一列位于底线（如图 1-13），教师根据动作类型进行编号 1、2、3，例如：编号 1 刺探步，编号 2 投篮假动作，编号 3 刺探步接投篮假动作。教师通过大声喊出口令编号，让队员立刻反应，做出相对应的动作。

要求：投篮假动作时，投篮队员要控制好重心，调动防守人重心，动作幅度尽量小。运用刺探步时，重心稍向出脚侧倾斜，脚步踏实，幅度不宜太大。

变化 1：刺探步练习

变化 2：投篮假动作

变化3：刺探步接投篮假动作练习

方法：教师通过大声喊出动作，让队员立刻反应，做出相对应的动作。每个动作连续做10次，再换下一个动作。

课后作业：

1. 根据本节课中介绍中锋的练习方法，打中锋和打前锋位置的同学挑选2—3个方法进行练习，并能熟练应用。

2. 把课内的练习内容，记录在笔记本中。

3. 利用体锻课的时间找同伴进行低位进攻练习。

第三节 前锋技术

在篮球运动中，前锋不仅要给内线的中锋支援火力点，而且要分担中锋的篮板任务。一个好的前锋必须有好的技术，前锋技术是前锋队员在比赛中运用的基本手段，前锋队员的智慧、技能、运动素质、心理品质和道德作风等都是通过技术集中表现出来的，是竞技水平最显著的标志。一个好的前锋能大大提升全队的攻守能力，因此加强前锋进攻技术的训练显得尤为重要。

学习目标

1. 了解篮球前锋的主要进攻技术。
2. 学会制定符合自身特点的练习方法。
3. 积极投入练习，培养坚忍不拔的意志品质。

一、前锋的主要进攻技术

（一）传球

要注意全队的进攻配合，在自己持球的位置要预感到可能发生的进攻配合和机会。要尽量提前观察到每个潜在接球队员和防守队员的情况。传球要到位,要会用球领人,尽量做到球到人到,一般情况是把球传到同伴远离防守一侧的位置,传球之后要立即向空位移动或空切。决不能把自己置于下一个集体配合之外。

（二）运球

运球是为了组织配合或调整进攻节奏与进攻位置,也可以通过运球突破得分或打乱对方的防守。在运球时始终将球保持在自己所能控制的范围内,要远离防守者的手运球,应学会左右手都能运球。

（三）投篮

选择良好的投篮时机、果断出手。良好的投篮时机,是提高投篮命中率的关键,一次好的得分机会是靠个人和全队配合来创造的,要善于捕捉投篮的时机,利用全队战术创造出来的机会或利用攻防双方出现暂时的时间差立即投篮。

（四）突破

合理运用持球突破与投篮、传球相结合。对反应快、移动灵活的防守者可多利用假动作,对反应较慢、移动能力稍弱的防守者可多用突破的起动摆脱防守人。

二、前锋的技术练习

在安排日常训练时,教师应该根据训练内容,仔细设计训练环节,筛选练习项目,强调循序渐进,遵循由原地技术到移动技术,由个人技术至多人配合等运动规律安排训练。在训练中要时刻观察队员动态表现,抓住队员心理波动的时机适当地给予鼓励。

（一）前锋持球底线交叉步突破（受阻）——后转身摆脱——行进间上篮

方法:前锋在靠近底线的位置接到队友的传球,一个前转身或后转身面对对手,接着做一个投篮或同侧步的假动作后用力蹬地,迅速收回蹬地脚,加速前进,在突破时跨出第一步要大,跨出脚要靠着防守人,侧身探肩,推放球。

要求:队员要做出同侧步的假动作,向相反方向交叉步突破。摆脱后要加速,注意突破后情况的变化,及时果断地进攻或传球。

(二)篮架下横切——为无球队员掩护——后转身抢占位置练习

方法:前锋队员从有球一侧溜底线后在无球一侧为无球前锋队员做无球掩护,让其跑到有球一侧之后做一个后转身抢占位置,这样就会出现两次进攻机会,后卫可以传两个点。

要点:这个练习主要是使前锋的防守者错位。做掩护一刹那掩护队员身体要静止,并与对方队员保持适当的距离,两脚平行开立,两膝微曲,上体前倾,注意隐蔽掩护意图,被掩护队员身体要靠近掩护者,以防对手挤过。

(三)投篮练习

投篮是比赛中最基本的得分手段,根据原地、行进间和触地等投篮练习,模拟比赛中可能出现的投篮情况,在训练中尤其要注意队员强弱侧投篮问题,尽量安排针对性训练,达到强弱平衡的竞技状态。

三、前锋技术的练习手段

(一)接球原地投篮练习

方法:教师持球位于篮下,队员根据教师要求站位,队员原地接球后投篮,接球前应做好投篮准备。接球时掌心空出,控制好球。投篮时两脚蹬地,腰腹伸展,两臂向前上方伸出,手腕同时外翻,拇指稍用力压球,食指、中指拨球,使球从食指、中指指端飞出。球出手后,脚跟提起,身体随投篮出手方向自然伸展。投篮人首先在垂直篮筐下位置开始练习,教师可根据具体情况通过以篮筐为扇形,变换角度、距离等方式提高难度和强度(如图1-14所示)。

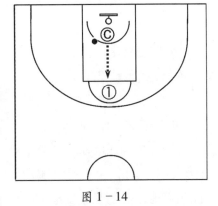

图1-14

要点:投篮尽量空心入筐,接球时脚尖指向篮筐,合理控制重心,避免上下浮动导致力量的流失,接球后立即出手,减少对球的多余调整,出手投篮后立刻回到接球投篮的初始姿势。

（二）接球交叉上步跳投

方法：教师持球于篮下，队员左右切入进行交叉步跳投，教师可以选择不同的传球方向、方式、力度等控制练习队员左右侧上步脚步的变化（如图1-15所示）。在投篮过程中教师应观察投中和未投中球的区别，进行动作纠正，当队员连续投中球时，要让队员继续练习以强化肌肉记忆。

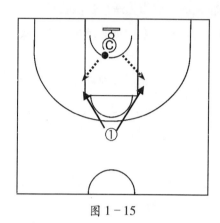

图1-15

要点：上步时，出脚平稳，保持重心稳定，两步完成急停，避免多余碎步。跳投时，屈膝挺腰，身体重心落在两脚中间，把力量集中在腿上，用力跳起，注意投篮和起跳同步，在最高点将球投出，过程中控制身体，跳投后尽可能落回起跳点。

变化1：接球上步跳投

变化2：接球试探步跳投

变化3：接球假动作跳投

变化4：接球假动作后试探步投篮

变化5：单手接球虚晃动作后跳投

变化6：罚篮

方法和要点同上。

（三）触地跳投练习

方法：三威胁姿势站立，两肘自然下垂，将球置于胸前，目视瞄准点。两脚左右开立，两膝微曲，重心落在两脚之间。双手持球触地后跳投。

要点：在球触地时，重心处于同一水平面，避免重心起伏。做假动作时，控制动作节奏变化。跳投时，屈膝挺腰，身体重心落在两脚中间，把力量集中在腿上，用力跳起，注意投篮和起跳同步。在最高点将球投出，过程中控制身体，跳投后尽可能落回起跳点。

变化1：触地投篮

变化 2：触地试探步接触地投篮

变化 3：触地假动作接触地投篮

变化 4：触地假动作后试探步接触地投篮

方法和要点同上。

课后作业：

1. 根据学生每日可抽出半小时的时间进行练习。

2. 记录本次课所讲的练习内容。

3. 利用体锻课的时间进行跳投和突破上篮的练习，要求投篮和突破上篮各完成 100 分制。

第二章　战术篇

第一节　快攻

快攻是由防守转入进攻时,以最快的速度、最短的时间在人数上造成以多打少的优势,或在人数相等以及人数少于对方的情况下,趁对方立足未稳,果断而合理地进行攻击的一种进攻战术。

快攻是篮球进攻战术的重要组成部分。其特点是快攻发动突然、攻击迅速,所以它是进攻战术中最锐利的武器。由于篮球技术的发展,促进了快攻战术的发展,快攻的速度越来越快,快攻的成功率越来越高,它的核心是争取时间、创造战机、速战速决。

学习目标

1. 了解快攻的特点、基本要求及组织形式。
2. 攻防转换时,有发动快攻的意识。
3. 积极学练,学会观察、组内配合默契。

一、快攻战术的特点和基本要求

（一）快攻战术的特点

1. 每名队员都有较强的快攻意识和熟练的快攻进攻技

术,参加的人数多,接应点多,一传距离远,快下的速度快,一对一的能力强。

2. 快攻结束时,可采用跳投或组织中远距离投篮等多种方式,行进间投篮已经不再是结束快攻的唯一手段。

3. 快攻受阻时,观察场上情况,不失时机地掌握和运用进攻节奏,将快攻与阵地战有机结合起来,充分体现进攻的攻击性和连续性。

(二)快攻战术的基本要求

1. 提高快攻战术意识,不放过任何一次快攻时机,积极主动地组织发动快速反击。

2. 由守转攻时,要启动快,及时分散,保持合理的位置和跑动路线,做到前后层次有序,左右相互呼应。

3. 抢断球的队员要由远到近,观察全场情况,及时将球传送到最佳快攻点上,减少传球和运球。

4. 快攻一旦受阻,其他队员要及时接应跟进,不要轻易放慢进攻速度。

5. 当快攻不成时,要加强快攻与阵地进攻的衔接,迅速转入阵地进攻。

二、快攻的组织形式与结构

快攻在组织形式上分为长传快攻、短传快攻、运球突破快攻三种。

(一)长传快攻

长传快攻也称为长传偷袭快攻。它是指队员在后场获球后,用一次或两次传球,将球传给快速向对方篮下跑动的同伴而完成投篮的一种配合。其特点是突然性强、速度快、时间短、成功率高。

(二)短传与运球结合快攻

队员在后场获球后,利用快速的短距离传球、运球推进到前场进行攻击的一种配合方法。其特点是灵活多变、层次清楚、容易成功。

(三)运球突破快攻

防守队员获得球后,利用运球技术超越防守,自己投篮得分或传给比自己投篮机会更好的同伴进行攻击的方法。其特点是减少环节、抓住战机、加快进攻速度。结束段主要是个人攻击或跟进者投篮。

三、快攻练习

（一）3 人 8 字快攻练习

方法：如图 2-1 所示，①传球给②，迅速从②身后绕过向前跑，②传球给③，迅速从③身后绕过向前跑，③再传给①，迅速从①身后绕过向前跑。

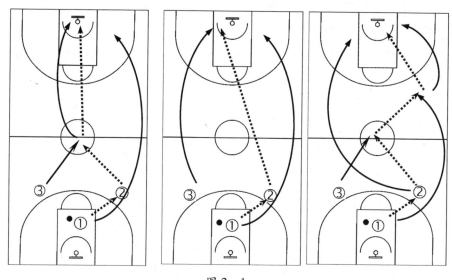

图 2-1

要点：传球流畅，推进速度快，队员积极相互沟通，保持好队员之间距离。

变化 1：5 次传球过半场

变化 2：4 次传球过半场

变化 3：3 次传球过半场

变化 4：2 次传球过半场

（二）全场 3 打 2 后转 2 打 1 攻防练习

方法：如图 2-2 所示，②③队员向两侧快下，①队员持球从中路快速推进，尽可能在最短时间内结束进攻。❶和❷队员前后站位，保护篮筐。3 打 2 进攻结束后，投篮的进攻队员迅速回防，两位防守抢篮板发起反击，形成 2 打 1 格局。

要点：进攻队员尽可能分散，拉开防守队员空间。防守互相沟通配合，一个

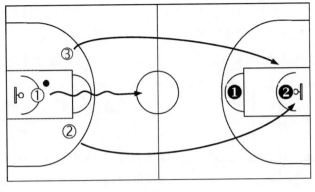

图 2 - 2

收缩防守篮下,一个去干扰有球队员。

四、快攻训练

教师必须要明白队员在哪个位置更为合适,快攻当中队员的位置和阵地进攻中的位置有些区别,要求快攻当中的轮转,每个队员的位置是可以交换的。

(一)抢到后场篮板球后的全队快攻练习

方法:如图 2 - 3 所示,全队 5 名队员在后场,4 号位和 5 号位在篮下准备抢篮板,2 号位和 3 号位准备沿边线快下,1 号位准备接应一传。教师将球抛向篮筐,4 号位和 5 号位冲抢篮板,当 4 号位或者 5 号位抢到篮板球后快攻开始,2 号

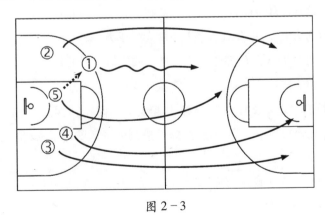

图 2 - 3

位和3号位迅速沿边线快下到前场底角三分线位置,没有抢到篮板的内线(4号或者5号)快速移动到前场限制区内要位,抢到篮板的内线队员快速传球给1号位,1号位接球后快速推进到前场,传完球的内线也快速跟进到前场。

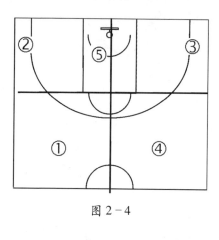

图2-4

要点:

1. 如图2-4所示,我们将半场分成4个区域,这4个区域非常重要,外线的4名队员必须时刻保持平均分布在这4个区域内,如果一侧区域没有进攻队员,其他队员要进行填补,这样才能够时刻保持半场进攻的空间。

2. 每次持球人在传球后有两种选择,第一种是挡拆,第二种是切入。队员们要时刻占领这4个区域。

3. 快攻当中第一次机会是锋线队员接球后的进攻,第二次机会是锋线队员传给内线得分,第三次机会是传球后的切入投篮。

4. 这个练习也能训练队员们的体能,如果队员有充沛的体能,那么在比赛中就能够更为轻松地进行每场比赛。

5. 锋线队员在快攻当中能够迅速到达两侧的底角三分线外位置。在篮球快攻当中,底角三分线位是非常重要的,因为当锋线进攻队员进入到这个位置后不仅能够拉开进攻空间,往往还能够获得轻松的进攻机会。如果我们5名进攻队员快速到达前场,将会给防守人非常大的压力。

6. 快攻当中每个队员都能胜任4个区域任何位置的任务。当到达半场以后希望队员们能够拉开空间,这样防守就会变得非常困难。

7. 队员们一定要及时交流,这样才能够时刻保持场上4个区域一直处于平衡的状态。在快攻当中,后卫不能持球推进到前场后就停下来,他应该立刻发动进攻。

8. 先进行5人的快攻训练,无人防守,规定队员在半场后利用这些规则不断地传切,传5次或者一定次数后才能得分。

变化 1：当持球人向锋线队员位置移动时轮转

方法：在快攻当中，当队员各自进入自己的区域，持球的 1 号位喊轮转的时候，持球人向强侧区底角运球，底角的锋线向篮下切入，同时外线轮转占据各个位置（如图 2-5 所示）。

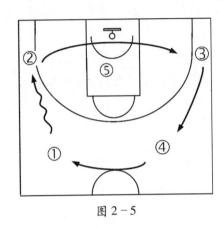
图 2-5

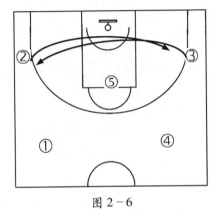
图 2-6

变化 2：底线锋线队员交叉跑位练习

方法：在快攻当中，当队员各自进入自己的区域，持球的 1 号位队员喊交叉跑位的时候，两侧底角位置的 2 号位和 3 号位溜底线交换位置（如图 2-6 所示）。

变化 3：强侧锋线给持球人挡拆

方法：在快攻当中，队员各自进入自己的区域，持球的 1 号位队员喊挡拆的时候，位于强侧底角的锋线队员上来给持球的 1 号位挡拆，锋线 2 号位挡拆完向外拉开，持球的 1 号位传球给外弹的 2 号位发动进攻（如图 2-7 所示）。

变化 4：拖后的内线给持球人挡拆

方法：在快攻当中，当队员各自进入自己的区域，持球的 1 号位队员喊挡拆的时候，拖后的 4 号位上前给 1 号位进行挡拆，1 号位借助高位挡拆可以自己突破或

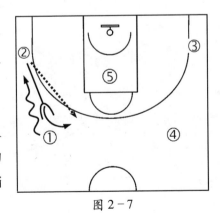
图 2-7

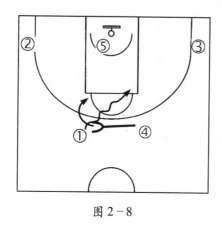

图 2-8

者传球给挡拆后下顺的 4 号位发动进攻（如图 2-8 所示）。

要点：队员们除了要遵循空间和节奏原则外，还有一些小的要求，即任何人接到球后都可以向篮下突破，只是向内线突分后不希望接球的人还进行突分，不能发生两次连续突破，因为这样进攻区域就会变得非常拥挤，防守的难度会降低。

（二）三人全场快攻投篮练习

方法：全员参与，前场三分线的两侧底角位置各站一名队员①，每人一球，后场一名队员①站在篮下持球，其余队员分成两队排在左右两侧底角三分线位置。听教师口令开始发动快攻，后场两侧三分底角的两名队员（②和③）快速沿边线快下，篮下抢到篮板的人①快速传球给任意一侧的快下队员，一侧接球的队员接到球后再传给另一侧快下的队员，这名队员接到球后完成上篮，第一次传球和第二次传球的两名队员快下到前场，接前场两侧底角队员的传球，进行中投或远投。上篮的人和两侧底角传球的人组成新的三人组合进行快攻，如此循环往复。这个快攻练习，不仅训练了队员的长传能力、接球投篮能力，而且练习了队员们的体能（如图 2-9 所示）。

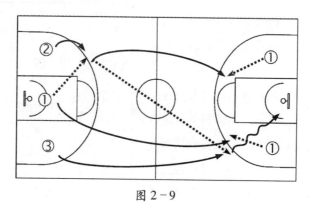

图 2-9

要点：

1. 全员参与,传球和移动要快,要在类似于真实比赛的强度下完成快攻练习。

2. 可以在规定时间内让队员完成规定的得分。如4分钟时间内,投进一次算一分,要求一共得30分。

（三）全场4对4传切配合练习

方法：全队进行4对4的传切配合,在比赛当中按照前面的落位要求,4名进攻队员要始终在半场的4个区域内,如果一个区域没有人,其他区域的队员要进行补位,保持球场上的空间。进攻开始时持球人接到球,在后场可以运球,一旦过了中线,就只能传球或投篮,不能运球,进攻的队员们开始进行传切配合进攻。如图2-10所示,1号持球传给4号位后向篮下空切后回到左侧底角,2号位上提到左侧45°角位置。

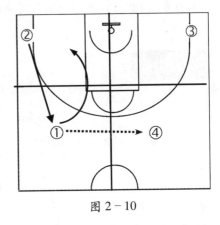

图 2-10

要点：

1. 每次传完球后只可以有两种选择,一种是给弱侧队员掩护,一种是切入篮下,其余队员补位切入队员的位置。

2. 这些练习能够很好地训练球队的传切配合意识和队员们的场上空间感。教师可以根据需要,把一些练习方法加入到自己进攻战术体系的练习当中。

3. 没有犯规和界外球。出现比较严重的犯规,就叫停比赛重新开始。

4. 进球得一分,哪个队先得四分哪个队就获胜。

变化：允许进攻人到达中场线后有一定次数的运球机会,例如每名进攻队员进入中场后有两次运球的机会,这样能够增加进攻队员的创造力。

课后作业：

1. 将课上的练习内容记录在笔记本中,画出战术路线图。

2. 在平时的 5 对 5 比赛中,要注意快攻的应用。

3. 坚持每天运动 1 小时。

第二节　防守快攻

　　防守快攻是指由攻转守的瞬间及时组织阻止和破坏对方快攻的防守战术。防守快攻要从全力拼抢前场篮板球开始,在失去球权后,首先封堵第一传,堵截接应队员,边退边干扰,延缓对手进攻速度,借机及时组织全队防守。

学习目标

　　1. 了解防守快攻的基本要求和方法。

　　2. 通过 2 防 3 的练习手段,增强学生自身的协防能力。

　　3. 学生通过小组间的合作,逐步形成团队协作的意识。

一、防守快攻的基本要求

　　(一)全队首先要积极防守,保持攻守平衡,进攻投篮后既要有人积极拼抢篮板球,又要有人迅速退守。

　　(二)积极封截和破坏对方的一传接应,抢占对方习惯的接应点并堵截接应队员,堵截、干扰、延误对方的推进速度。

　　(三)队员要具有积极拼抢的意识,当对方形成快攻时,应快速退守,及时迅速地在以少防多的情况下,大胆出击,赢得时间和力量上的均衡。

　　(四)防守战术要随机应变,在失去球后,立即采取前场紧逼防守,退回后场,采用半场人盯人防守,使对方不适应,破坏快攻。

二、防守快攻战术的方法

　　(一)提高投篮命中率,拼抢前场篮板球,进攻队员积极拼抢前场篮板球是制约对方发动快攻的有效方法。

（二）积极封堵第一传和接应，是防守快攻的关键环节，拖延其快攻时间，为本队防退守和组织全队防守争取时间。

（三）堵截接应点

当对方采用固定接应方式时，应抢占对方的接应点，截断接应队员与第一传的联系，以干扰与控制对方队员的接应意图与行动，从而达到破坏和延误对方快攻发动和推进的速度。

（四）防守快下的队员

由攻转守时，防守队员应积极堵截中场，使进攻队员不能直线长传直入篮下，积极运用快速退防，并追截沿边快下的队员。

（五）提高以少防多的能力

提高一防二、二防三的能力，重点防篮下，为同伴回防赢得时间，这就必须提高个人防守能力，以及同伴之间的相互补防能力。

防守快攻战术的二防三配合有以下三种方法：

1. 两人平行站位防守

这种防守队形适用于对付两侧边线突破能力较强的进攻队员，但中路防守较弱，一人防守边路运球人，另一平行站位的防守人，兼顾中路和另一边路的进攻人，随球的转移，收缩防护。

2. 两人重叠站位防守

这种防守队形可有效地阻止对方中路突破，但移动距离较长（如图2-11所示）。当⑥中路运球突破推进，⑦和⑧沿边路快下时，前面的防护人上前堵截中路，后面的防守人兼顾⑦和⑧的行动。当⑥传球给⑦时，下面的防守人立即去防⑦，前面的防守人后撤控制好篮下，并兼顾⑥和⑧。

3. 两人斜线站位防守

这种防守队形的特点是不仅可以阻止中路突破，而且移动补位的距离短（如图

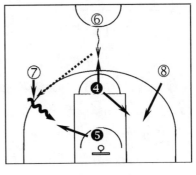

图2-11

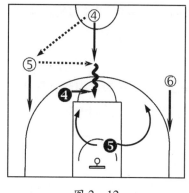

图 2-12

2-12 所示)。当④和⑤进行短传推进时,前面防守人先选择罚球线偏左的位置进行防守,当⑤将球传给④时,前面的防守人要立即移动到中路堵截④,后面的防守人则选择有利的位置兼顾防守⑥和⑤。

三、防守快攻练习

(一)封堵第一传与接应

1. 三对三堵截快攻的发动与接应。如图 2-13 所示,教师将球抛向篮板,当④抢到篮板时,离④最近的❹立即封堵④的第一传并防其突破,❺立即堵截⑤接应,❻堵截⑥插中接应,并伺机抢断球。

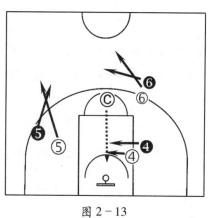

图 2-13

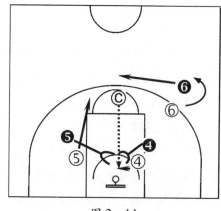

图 2-14

2. 三对三夹击第一传。如图 2-14 所示,教师将球抛向篮板,④抢到篮板球时,离④最近的❹立即封堵第一传并堵截运球突破,这时❺大胆地放弃⑤,与❹夹击④。❻调整位置,兼顾⑤和⑥。

3. 快攻结束时的少防多

(1)全场一防二。如图 2-15 所示,⑤和⑥传球快速推进到前场,⑦进场防守,⑤或⑥投篮后,⑦抢篮板球与⑧发动快攻,传球快速推进。此时,⑨迎前防守,当⑧或⑦投篮时,⑩跑进场内抢篮板球,与⑨发动快攻传球推进二攻一,依次练习。

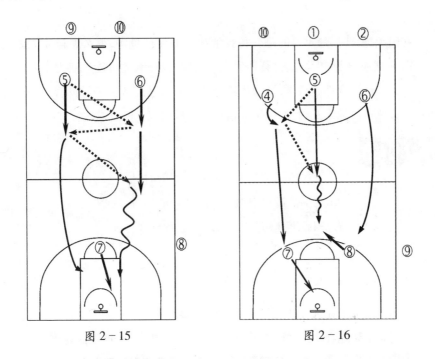

图 2-15   图 2-16

（2）全场二防三。如图 2-16 所示,④⑤⑥三人一组传球向前场推进,⑦⑧在前场三分线弧顶附近防守,⑨在边线外等候,当⑦⑧抢断球或抢到篮板球时,⑨立即进入场内与⑦⑧发动快攻,①②迅速进入场内防守,当⑩①抢断球或抢到篮板球时,②立即进入场内与⑩①发动快攻,攻守交替进行。

课后作业:

1. 将课上的练习内容记录在笔记本中,画出战术分布图解。

2. 在平时的 5 对 5 比赛中,要注意提高个人防守和团队协防的能力。

3. 每月观看一次篮球比赛,观察比赛中快攻和防守快攻的运用。

第三节　传切配合

在组织进攻时,最重要的是获得投篮机会并将球投进,那么怎样才能做到呢? 第一,必须不断转移球,这样防守人也会跟着移动,才可能有获得空位的机会;第二,设计出合理的战术,把球传给球队中能力强的队员进行投篮;第三,坚决执行教练员的战术意图,根据场上情况灵活运用战术配合进攻。

学习目标

1. 了解传切配合的方法及运用的时机。
2. 在学练过程中增强摆脱防守的能力。
3. 积极把握切入时机,敢于进行身体对抗。

一、传切配合

传切配合是指在进攻队员之间利用传球和切入技术组成的简单配合,包括一传一切和空切配合。传切配合具有配合简洁、突然、攻击性强的特点,一传一切和空切与空中接球直接扣篮配合也是比赛中经常使用的配合方法。

（一）传切配合的方法

1. 一传一切配合:中路持球人传球给边路队员,中路队员立即摆脱对手向篮下切入,接边路同伴的传球投篮。

2. 空切配合:中路持球人传球给一侧边路队员,另一边路的队员趁对手不备,突然横切或从底线切向篮下,接边路的传球投篮。

（二）运用时机把握

1. 切入队员首先要掌握好切入时机,根据对方的防守情况,利用假动作摆脱,及时、快速地切入篮下,并随时准备接球。

2. 传球队员要利用假动作吸引、牵制对手,并采用合理的传球方法,及时、准确地将球传出。

二、传切基本功练习

（一）全场行进间胸前传接球练习

方法：如图2-17所示，全队分成两排站到底线位置，一排队员持球，另一排队员无球，两人一组。第一组队员做连续行进间的双手胸前传接球，当第一组的队员移动到中场线后，第二名队员再开始，如此重复。

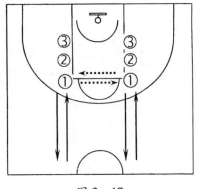

图 2-17

要点：传球非常重要，这个练习不仅起到热身作用而且能训练队员们的传球能力，眼睛向前看，双手用力，传球时传到队友胸前。同时队员们在传球的时候要有交流，这点非常重要，传球的时候也可以喊接球人的名字。

变化1：全场行进间击地传接球练习

要点：注意击地的落点，一般在距离传球人三分之一处。

变化2：单手行进间传接球练习

要点：右手传球右手接球，始终一个手。如果一只手接不到球的话，两个手接球也是可以的，之后也可以试着让队员左手传接球。

变化3：两个球一人击地一人胸前的传接球练习

要点：每组的两个队员一定要配合默契，及时交流，两人传球必须同时进行，一个人如果是击地传球，另一人就是胸前传球。

（二）上步防守练习

方法：全队人员三人一组站立，每组当中两侧的队员无球，中间的一名队员持球。听教师的口令，中间持球人传球给外侧队员后变为防守队员进行上步防守，接球人在接到球后做保护球动作，防止球被抢断；持球人再把球传给对侧的队友后变为防守人进行上步防守，开始的防守人原地不动变为进攻人。如此不断轮转（如图2-18所示）。

这个练习既能训练上步防守和防持球人，同时还能训练进攻队员的传球能力。希望队员在接到球后要有攻击性，而不是遇到防守的时候显得慌张，持球

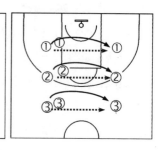

图 2 - 18

人传完球后变为防守人。

要点:

1. 进攻的目的是不让防守人触碰到球,进攻队员传球时要先做假动作再传球。

2. 可以规定 4 分钟的锻炼时间,这是一个很好的练习方法,一周可进行 2 次或以上的上步防守练习。

变化:可以增加一名防守人进行防守训练,这样既增加了传球的难度,也便于练习队员们的包夹能力和遭遇包夹后的传球能力。

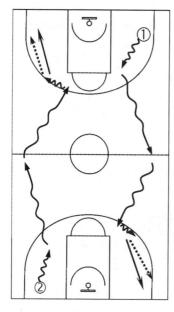

图 2 - 19

(三)"Z"字全场运球练习

方法:全队分成两排,每人一球站在全场端线两侧,教师在场地的罚球线夹角处、中线和边路夹角处放置标志桶,听教师口令,第一排的第一名队员以"Z"字型路线运球行进,每到一个标志桶前做双手体前变向运球。到中场后下一名队员再走,当到达另一侧半场的罚球线夹角时,传球给底线教师,传完后回到队尾(如图 2 - 19 所示)。

要点:重心下降,抬头向前看,变向时脚蹬地用力,要全力运球,教师指定队员依次进行。

变化1：全场胯下变向运球

变化2：全场后转身运球

变化3：全场背后变向运球

变化4：全场后拉加体前变向运球

三、传切练习

（一）传切上篮练习

篮球场上传切非常重要，很多队员在传完球后就站在原地不知接下来应该做什么，教师应要求队员们传完球后只有三种选择：第一，传完球后向篮下空切；第二，传完球后给其他人做掩护；第三，传完球后向弱侧移动，拉开进攻空间。

方法：如图2-20所示，全队分成两排，第一排队员持球站在半场右侧45°位置，第二排队员无球，站在弧顶位置，两人一组。听教师口令，右侧45°的①号位传球给弧顶的①后向篮下切入，弧顶的①回传球给向篮下切入的队员，切入队员接到球后上篮得分。传球人抢篮板，两人交换位置回到队尾。

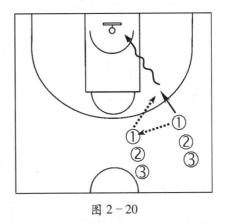

图2-20

变化1：一排队员站在左侧45°持球，另一排无球队员在弧顶进行传切上篮。

变化2：弧顶的队员持球，左侧45°无球队员进行传切上篮。

变化3：左侧零度角位置持球，左侧45°无球队员进行传切上篮。

（二）传切二打一练习

方法：如图2-21所示，全队分成三排，中间弧顶位置一排队员持球，两侧位置的队员无球。听教师口令开始，弧顶位置队员①传球给右侧45°位置队员后向右侧切入，右侧45°队员接到球并运到中路后传给左侧45°位置队员①，传完球的①变成防守人,其余队员变成进攻队员,之后开始二打一。

要点:

1. 进攻人进行二打一的时候一定要有攻击性,不能太过犹豫。

2. 第二个传球人变成防守人。防守人抢篮板回到中路,其他两个交叉回到两侧。

变化:第一传传给左侧 45°位置队员,左侧 45°位置的队员最后当防守人。

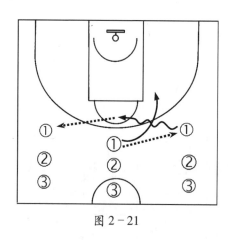 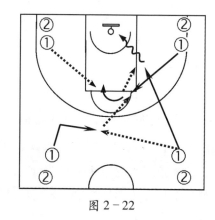

图 2-21   图 2-22

(三) 4 人配合传切投篮练习

方法:如图 2-22 所示,全队分成 4 排,左侧底角位置和右侧 45°位置队员持球,另外两侧队员无球。听教师口令开始,右侧 45°位置队员传球给左侧 45°队员后向篮下切入,同时右侧底角位置队员向罚球线位置移动,左侧 45°位置接到球后传给罚球线位置队员,罚球线位置队员接到球后中路策应传给向篮下切入的右侧 45°队员,右侧 45°队员接到球后上篮,罚球线策应的队员传完球后,接左侧底角位置队员后中投。

要点:

1. 右侧底角队员必须迎上接球,不能到罚球线后等着接球。

2. 第一组完成的队员逆时针回到下一排的队尾。

变化：变换球的位置，换成左侧45°队员和右侧底角队员持球，方法同上。

（四）5人空切练习

方法：如图2－23所示，5名队员全部站在三分线外，拉开进攻空间。持球人传完球后要空切篮下，其余队员迅速补位轮转。没有投篮和运球，所有队员一直传切移动下去。1分钟不间断移动。

要点：不能运球，传完球后空切，没有掩护。

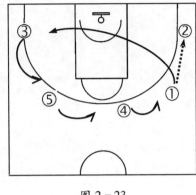

图 2－23

队员之间一定要及时交流。空间非常重要，尽量拉开位置，这样空切才有得分的机会。

变化：5对5半场比赛

要点：传球得1分，上篮5分，不能投篮，谁先得25分谁获胜。防守抢断球后变为进攻队员。不能够运球。这个练习就是要强调队员们不断传球和移动，这样才有切入的机会，切入的时候一定要看球。

课后作业：

1. 课上的传切练习内容，记录在笔记本中，画出战术路线图。

2. 在平时的体锻课上，3—5人一组，组织传切战术训练10次。

3. 每月观看一次篮球比赛，并在比赛中找出传切配合的运用。

第四节 掩护配合

掩护配合是掩护队员采用合理的行动，用自己身体挡住被掩护同伴的防守队员的移动路线，使同伴借助挡位摆脱防守的一种配合方法。因在应用中位置发生变化，也把它形象称为"挡拆"，专业术语即为掩护。

1. 了解篮球掩护配合的形式和方法。
2. 掌握掩护配合运用的时机。
3. 认真学练掩护配合,掩护后及时转身是完成掩护配合的关键。

一、掩护配合的形式和方法

掩护配合有多种形式和方法,根据掩护者和被掩护者身体位置的不同,可分为前掩护、侧掩护、后掩护三种形式。根据掩护者的移动路线、方法和变化,可分为反掩护、假掩护、运球掩护、定位掩护和连续掩护等。从组成掩护配合的行动来看,又可分为两种情形,一是掩护者主动去给同伴做掩护,用身体挡住同伴的防守者的移动路线,使同伴借以摆脱防守;二是摆脱者主动利用同伴的身体和位置把对手挡住,使自己摆脱防守。因此,掩护配合能否成功,关键是在一瞬间创造出的位置差和时间差,争取空间与地面的优势从而达到攻击的目的。

二、掩护配合的运用把握

1. 掩护要符合规则的规定,不能有推、拉、顶等违规的动作,与对方队员发生身体接触时不能用跨步等动作去阻挡。

2. 如果掩护建立在静立对手的视野之外,掩护队员必须允许对手向他迈出正常的一步而不发生接触。

3. 掩护队员的动作要迅速,被掩护队员要用假动作吸引自己的防守队员,不让对方发现同伴的掩护意图。

4. 掩护时同伴之间的配合时机非常重要,过早或过迟行动都会导致掩护失败。掩护配合时队员配合要默契,注意动作果断,并根据临场变化,争取第二次机会。

三、掩护配合的练习方法

1. 侧掩护配合

（1）给无球队员做侧掩护（如图 2 - 24 所示），⑤传球给④后，即向相反方向跑动给⑥做侧掩护，当⑤跑到⑥侧面掩护到位时，⑥摆脱防守者切入篮下接④的传球投篮。

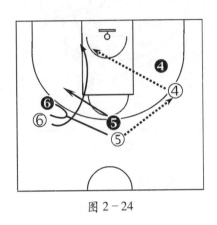

图 2 - 24   图 2 - 25

（2）给持球队员做侧掩护（如图 2 - 25 所示），⑤传球给④后，跑到④的侧面做掩护，④接球后做投篮或突破的动作，吸引❹的防守，当⑤掩护到位时，④从❹的右侧突破投篮。⑤掩护后，及时移动到有利的位置接球或抢篮板球。

根据掩护者的移动路线、方法和变化，掩护后经常会出现第二次机会。如图 2 - 26 所示，⑤做掩护后对方换防时，④就不向篮下突破而适当向外拉开运球。⑤则及时利用转身把❹挡在身后而向篮下切入，接④的传球投篮。

2. 后掩护配合

如图 2 - 27 所示，前锋为后卫做后掩护。⑤传球给⑥时，④跑到❺身后给⑤做后掩护，⑤传球后做向左侧切入假

图 2 - 26

动作吸引❺的防守,当④掩护到位时,⑤突然向右侧切入篮下,接⑥的传球投篮。又如图2－28所示,④给⑤做后掩护时,❹与❺换防,④及时转身切向篮下,接⑥的传球投篮(掩护后出现的第二次机会)。

图2－27

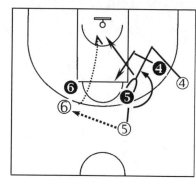

图2－28

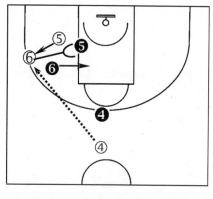

图2－29

3. 前掩护配合

前掩护配合是掩护者跑到同伴防守者身前,用身体挡住防守者向前移动的路线,使同伴借机摆脱防守,接球进行攻击的一种掩护方法。如图2－29所示,⑥跑到⑤的前面给⑤做前掩护,⑤利用掩护拉出,接④传来的球投篮或做其他攻击动作。

课后作业:

1. 课上的练习内容,记录在笔记本中,画出战术路线图。

2. 在体锻课上和平时的比赛中,要注意掩护配合的应用,多实践。

3. 养成每天锻炼的习惯。

第五节　突分配合

突分配合是指持球队员突破对手后，主动或应变地利用传球与同伴进行攻击的一种配合方法。

学习目标

1. 了解突分配合的运用时机。
2. 掌握突分配合的战术，并能在比赛中合理运用。
3. 积极投入练习，提高突破分球的能力。

一、突分配合的方法

持球从底线突破，遇到补防时，及时传球给插入或拉开到有利位置的同伴。

二、突分配合的运用时机把握

（一）进攻队员突破时要快速和突然，在突破过程中要随时观察场上攻守队员位置的变化，及时准确地传球。

（二）接球队员要把握时机，及时摆脱对手，迅速抢占有利位置接球投篮。

三、突分配合的练习方法

（一）如图 2－30 所示，④在突破过程中分球时，⑤突然切入到罚球区去，⑥同时快速向底线移动，④可根据⑤、⑥伸手示意情况而分球，⑤或⑥接球传给⑦，按顺时针方向换位，依此进行练习。

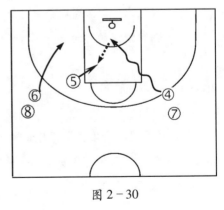

图 2－30

（二）如图 2-31 所示，⑤传球给④，④底线突破，❻补防，此时，❺兼顾⑤和⑥的防守。④根据❺的防守，判断将球传给进攻最有利的⑤或⑥，图中所示❺补防⑥，④将球传给⑤进攻，进攻队员按顺时针换位。练习若干次后，攻守交换连续练习。

要求：突破动作要突然，并随时注意分球。

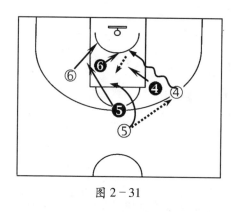 

图 2-31　　　　　　　　　　　　　图 2-32

（三）如图 2-32 所示，④持球从底线突破❹，遇到❻补防时，④及时传球给横插到有利位置的⑤投篮。

课后作业：

1. 提高个人突破能力，完成每周三次练习，每次 50 个快速突破上篮得分。

2. 在笔记本中记录突破分球的战术路线。

3. 利用体锻课的时间进行 3 对 3 比赛，在比赛中运用突破分球配合。

第六节　策应配合

策应配合是指进攻队员背对或侧对篮接球，与同伴的空切或绕切相配合借以摆脱防守，创造各种进攻机会的一种配合方法。

1. 了解篮球策应配合的方法。
2. 掌握策应配合的应用时机。
3. 积极投入练习,并能在比赛中学以致用。

一、策应配合的方法

(一)如图2-33所示,④摆脱防守插到罚球线作策应,⑤将球传给④,并立即空切篮下,接④的策应传球投篮。

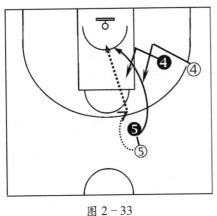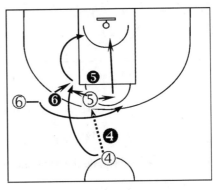

图2-33   图2-34

(二)如图2-34所示,④传球给策应者⑤,并从⑤身边切入篮下,⑥向底线下压后绕出,⑤可将球传给④篮下进攻或传球给⑥外围投篮,也可以自己进攻。

二、策应配合的运用时机把握

(一)策应队员要及时抢位要球,两手持球于胸前,身材较高的策应者可将球持于头上。接球后结合转身、跨步等动作,协助同伴摆脱防守或个人进行攻击。

(二)外围传球队员要根据策应者的位置和机会,及时准确地传球给策应队员,做到人到球到,传球后迅速摆脱切入篮下,创造进攻机会。

三、策应配合的练习方法

（一）如图 2-35 所示，队员分成两组，⑦传球给⑥后先做摆脱上插至罚球线，抢占有利的策应位置，接⑥的传球后向⑥切入的方向做传球的假动作，然后把球传给⑧，传球后跑到④的后面，⑥跑到⑧的后面，依次反复进行练习。

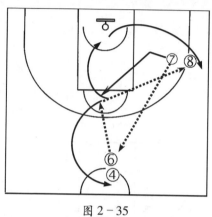 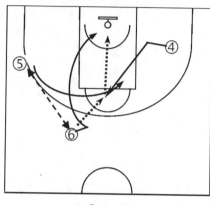

图 2-35   图 2-36

（二）如图 2-36 所示，⑤和⑥在外围相互传球，当球传给⑥时，④突然摆脱防守上插至罚球线，后接⑥的传球做策应。⑥传球后摆脱对手与⑤交叉切入接球进攻，⑤切向④的侧前方准备接球进攻。④根据情况传球给⑥或⑤，也可以自己进攻。

要求：策应队员应合理运用假动作摆脱防守，迅速抢占有利的策应位置，并迎前接球。外围队员传球应做到快速及时，人到球到。

课后作业：

1. 课上的练习内容记录在笔记本中，并画出战术路线图。

2. 平时的比赛中，要注意策应的应用。

3. 可以灵活运用篮球基本技术。

第七节　区域联防

区域联防是由攻转守时，防守队员迅速退回后场，每名队员按分工负责防守一定的区域,严密防守进入该区域的球和进攻队员,并以一定的形式把每个防守区域的同伴有机地联系起来的全队防守战术。联防战术的特点是防守队员随球的转移积极地移动和协防,位置区域分工明确,对有球区以多防少,无球区以少防多,这样有利于内线防守、组织抢篮板球和发动快攻。但由于各种形式的区域联防也存在一定薄弱区域,所以容易被对方在局部区域形成以多打少的局面而陷于被动。

学习目标

1. 了解区域联防的形式和要求。
2. 从消极防守到积极防守,演练区域联防的移动。
3. 在区域联防中,培养学生的团队合作意识。

一、区域联防的形式

联防一般会根据进攻队形的变化而改变着自己防守的队形。但不管什么样的联防,最重要的就是以球为主,人球兼顾。对持球者一定要盯紧,因为有球的人能直接得分,或者他会把球传给更有利于得分的人。因此,不能让持球的人轻易投篮或任意传球。五名防守队员都要积极地移动,扬起手臂,扩大防守面积,填补五人之间的空隙,使进攻队员感到在联防的防区之内,到处是人,无机可乘。

常用的区域联防有三种形式。第一种形式如图2-37所示,前面站两名队员,中间站一名队员,后面站两名队员,这种形式叫做"2-1-2"联防(图中椭圆形的虚线表示每名队员防守的区域,各个防区衔接的地方为两名队员共同防守的区域),采用这种联防形式的较多。第二种形式是"2-3"联防,如图2-38所示,是前面站两名队员,后面站三名队员。这种形式,篮下防守

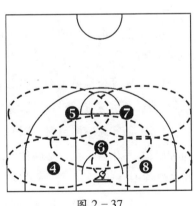

图2-37

力量较强。第三种形式是"3－2"联防,如图2－39所示,前面站三名队员,后面站两名队员,这种形式,对于防外围投篮准的队较为有效,并能干扰其传球。不论采用哪种形式的联防,都要把身材高、弹跳好、善于抢篮板球的队员安排在篮下的位置和中间的位置,要把移动速度快、灵活机警的队员安排在前面。在人员的安排上,要充分考虑发挥每名队员的特长。

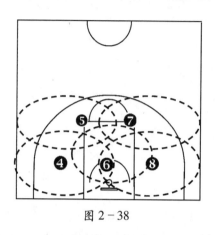

图2－38

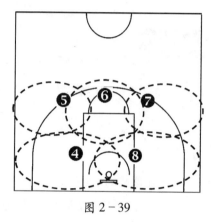

图2－39

二、区域联防的基本要求

(一)根据区域联防的形式、队员的条件和技术特长,合理分配队员的防守区域,发挥队员在各自防区的作用。

(二)由进攻转入防守时,要积极阻止对方的攻势,有组织地快速退守和及早落位布阵防守。

(三)防守队员要协同一致,随球积极移动,并张开和挥动双臂,相互照应,形成整体防守。

(四)防守持球队员时,应按照人盯人防守的原则,积极干扰和破坏对手的投篮、传球和运球,严防从底线运球突破。

(五)防守无球队员时,要根据离球远近和防区中进攻队员的行动,积极抢位和堵截,不让对手在有威胁的区域内接球,随时准备协同同伴进行"关门"、补位等防守配合。

(六)当进攻队员采用穿插移动时,应根据其行动方向,先卡位,并迅速调整防守位置或队形;当进攻队投篮后,每名防守队员都要堵位和抢位,有组织地争夺篮板球并及时地发动快攻。

三、区域联防的方法(以"2-1-2"阵型为例)

(一)由攻转守,快速布阵

由攻转守时,要在对方进攻之前,快速退回本队后场,每名队员都按照区域分工,站成"2-1-2"的队形,观察对手的活动,做好防守的准备,严阵以待。

(二)明确任务,分工合作

如图2-40所示,❹和❺重点防守外围队员突破、投篮,包夹中锋⑧,抢罚球线一带的篮板球。因为在防守时,经常会出现二防三的局面,所以要不停地移动,积极地挥动手臂,一人上前,一人保护,相互配合。

中锋❽要密切监控对方中锋⑧在限制区一带的活动,严防他和其他队员插向中区接球投篮或突破,并积极争抢

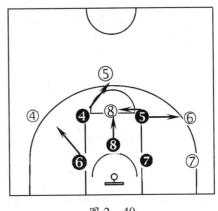

图 2-40

篮下中间地带的篮板球。❻和❼坚守篮下两侧,尽力封锁进攻队员在篮下两侧接球投篮,并拼抢这一带的篮板球。防守时,要纵贯全局,并挡人、卡位。

(三)随球转移,人球兼顾

如图2-40所示,当球在圈外⑤手里时,由于⑥和⑦都在防守队的右侧,所以应由❹上前防守⑤,阻扰其投篮或突破。❺稍向左侧移动,协助❽防守⑧,防止⑤传球给⑧。❽稍上提,注意⑧的行动。❻略向左前方移动,准备上去防④。❼向中靠拢,并注意⑦的活动,在篮下站成三角形,控制位置,准备抢篮板球。

如图2-41所示,假设⑤把球传给⑥,球在侧翼45°区域时,❺应快速滑步或跑上去防守⑥,不让其投篮或突破。❹滑到⑧的右前方,协助❽防守⑧,防止⑥传球给⑧。❽稍向右侧移动,注意⑧的行动,一旦⑥传给⑧,则❽要防⑧投篮

和突破,同时④⑤⑧三人也可围守、夹击⑥。⑦可稍向右侧移动,注意⑥可能把球传给⑦,也可能持球突破。⑥若突破时,⑦应配合⑤进行"关门"防守或补位防守;如果⑥投篮,则⑦要把⑦挡在外面,抢篮下右侧一带的篮板球。⑥稍向前移动,防止④向篮下或中区空切,并抢篮下左侧一带的篮板球。

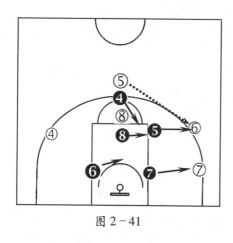 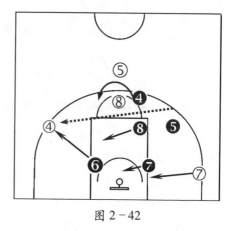

图 2-41   图 2-42

如果⑥把球传给④,如图 2-42 所示,则⑥要注意断球,但不要冒险行事。如事先无准备,判断不准,就不宜断球,应向左前方移动,等④接到球时上前防守,不让其投篮或从底线突破。此时④要尽快地绕过⑧,回去防守自己区内的④。⑥等④回防④时再退回篮下。⑧稍向左侧移动,注意⑧的行动。⑦要向左侧移动保护篮下,防止⑦溜到篮下接球投篮。因为⑦在篮下接球威胁最大,所以⑦首先要卡断并占据⑦通往篮下的路线(这样,即使⑦要强行通过,也必须是绕经篮后才能过去)。同时,⑦还要用后背贴近⑦,并用手摸着"护送"他到左侧篮下交给⑥后,再回到原来的防区。如果⑥还没退回来而④又把球传给了⑦,则⑦要继续防守⑦,防止其投篮和突破。⑤向后移动,加强篮下的防守,并防止⑥向篮下空切接球。

如图 2-43 所示,当球在底角时,假若④把球传给了⑦,⑥要上去防⑦投篮和从底线突破。

④向下滑动,协助⑥防守。这时如果中锋⑧下顺到左侧腰上(限制区左侧线的中部),则⑧应立即向左移动,严防⑧接球。如果⑦把球传给⑧,⑧要防

⑧投篮和突破。同时❻应适当回缩,❹
❻❽三人围守夹击⑧。❺向中区靠拢
保护篮下,阻止⑤插向中区接球,并抢
这一区域的篮板球。❼向篮下移动,阻
止⑥向篮下空切,并抢篮下右侧的篮
板球。

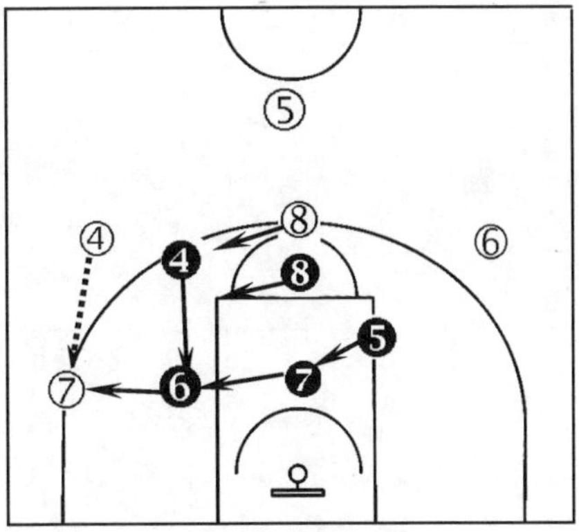

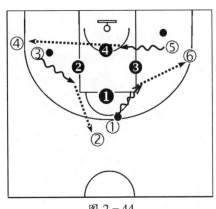

图 2-43

四、区域联防的运用时机把握

（一）对方外围中远距离投篮不准,而内线威胁较大时。

（二）对方频繁地采用穿插移动和运球突破,而本队个人防守技术较差,或犯规较多时。

（三）为了使对方不适应,有策略地改变防守战术时。

（四）为了加强有组织的抢篮板球和发动快攻时。

（五）犯规较多,后备力量不足时。

五、区域联防的练习方法

（一）3 攻 4 突破练习

方法：如图 2-44 所示,4 人呈菱形站位,在限制区内进行防守,进攻队员分为 3 组,分别位于弧顶及两侧三分线外 0°角,听教师口令,每组第一名持球队员进行突破,突破至两名防守人之间的缝隙位置后,做急停投篮假动作,然后传球给突破方向的下一名接球队员,传球后切入传球方向排至队尾。

要点：突破前应有瞄篮假动作,突破过程中寻找防守空隙,突破急停后应衔接投篮假动作,突破后的传球应传

图 2-44

到位。

（二）4 攻 3 练习

方法：如图 2-45 所示，4 名进攻队员位于三分线外 45°及 0°，3 名防守队员在三分线内进行防守，进攻队员通过传球寻找空位投篮的机会。

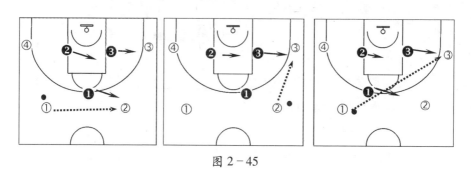

图 2-45

要点：4 个人进攻过程中不允许运球，通过传球寻找空位投篮的机会，当有人防守时，必须传球，无人防守时应投篮。防守队员之间可进行语言沟通。传球时运用假动作，要将球准确地传给队友，投篮人接球前张开双手并弯腿，接球后准备随时起跳投篮。

变化 1：运球 4 攻 3 练习

要点：进攻队员可以运球或不运球，但无球队员不允许切入，进攻队员通过运球突破寻找空位队员。

（三）中锋队员进攻练习

方法：如图 2-46 所示，2 名外线队员在三分线外 45°帮助转移球，2 名中锋队员在限制区低位两侧落位。当球在①手里时，⑤在短角要位，④插罚球线。如果球传到④，④首先看篮下⑤是否有篮下横切的空档机会，形成高低位。如果⑤篮下没有机会，将球给②，④立即下顺，⑤上提插罚球线。如果②将球传给到短角要位的④，⑤可以从中路下顺。

要点：内线队员之间互相沟通，低位的内线队员可在限制区至短角位置接球。中锋上提罚球线后，首先要看同伴是否在内线要位出空档，如果没有机会，立即要向相反方向转移球，目的是将球左右转移调动防守。

图 2-46

（四）5 人进攻练习

方法：半场 5 人进攻演练

要点：如图 2-47 所示，当球在弧顶位置时，应快速转移球；如果球在翼区，可以看低位，或看短角，或看高位罚球线，持球时间可比弧顶的位置稍长；开始训练时，外线暂时不做切入，内线需要高低位移动，传球时间控制在 30 秒以内；进攻队员接球连接投篮动作。

图 2-47

结束上一阶段练习后，外线可以移动，如图 2-48 所示，传球后做反向移动，并保持外线 3 人的轮转换位；如图 2-49 所示，当外线的区域队员插罚球线接球时，两侧低位的内线可以向篮下移动。

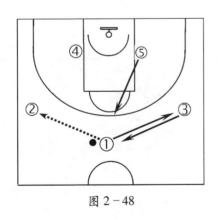

图 2-48

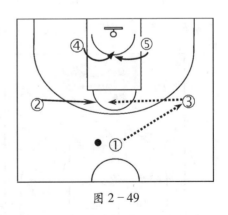

图 2-49

如图 2-50 所示，球向一侧转移，外线投手②溜底线向强侧移动，弱侧低位

内线上提至罚球线高位;球向中间回传,高位内线队员移动至弱侧低位,②可以
继续溜底线向强侧移动,利用低位掩护,寻找空位接球的机会。

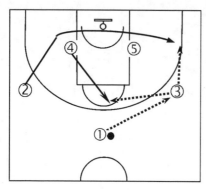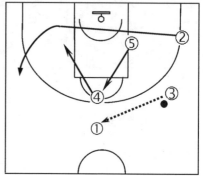

图 2 - 50

（五）外围两人防守

如图 2 - 51 所示,两人一组,先由两组进行练习,一组相互传球或运球突
破,另一组做防守移动,练习若干次后,防守的一组换下,进攻的一组改为防守,
新上来的一组进攻。

要点:防守的队员要始终保持正确的姿势,对有球队员要立即上前紧逼,
防守无球队员要向同伴一侧滑动,进行保护。当持球队员向两防守者之间突破
时,防守队员要迅速地后撤靠拢,进行"关门"。在对手将球传出后,防守队员要
能够马上分开,并立即顶上去防守有球队员。

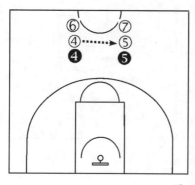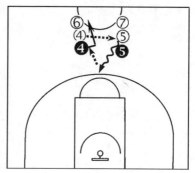

图 2 - 51

（六）外围四人防守

如图 2-52 所示，四人一组，先由两组进行练习，练习一定时间后，换另外两组进行练习。

要点：防守队员要积极、快速滑动。防有球队员时要上前紧逼，防投为主，防突破为辅。邻近的防守队员要进行保护，准备协助"关门"。离球远的防守队员要偏向有球侧，但要做到人球兼顾。

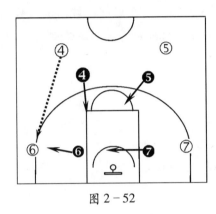

图 2-52

图 2-53

（七）半场五人防守

如图 2-53 所示，五人一组，先由两组队员进行练习，练习一定的时间后，再换两组继续进行练习。

要点：当进攻的中锋队员在有球侧限制区边上时，防守者要绕前防守，同一侧的防守队员要回缩协助围守中锋，另一侧的防守队员要注意控制对方的高吊球。中锋队员得球后，要进行围守，围守之后要能够迅速回防自己的区域。

课后作业：

1. 记录课上的练习内容，画出战术路线图。

2. 在平时的 5 对 5 比赛中，不断地演练区域联防，提高协防的能力和意识。

第八节　进攻区域联防

不管进攻哪种联防,最有效的办法就是利用快攻,趁对方尚未返回防守阵地时,以快攻得分。但是任何一支球队都不会总是让对手打成快攻的,因此,就必须学会进攻各种联防。在进攻联防时,要针对这种防守战术主要是每人防守一定区域的特点,集中优势兵力,在局部区域形成人数上的优势,并进行穿插、迂回、声东击西,调动和打乱对方的联防阵型,创造投篮的机会。

学习目标

1. 了解进攻区域联防的形式和要求。
2. 学会制定符合球队特点的进攻战术打法。
3. 善于观察、合作,积极投入实战演练。

一、进攻区域联防的形式

进攻区域联防的战术队形常用的有以下几种:"1-3-1",如图 2-54 所示;"1-2-2",如图 2-55 所示;"2-2-1",如图 2-56 所示;"2-3",如图2-57 所示,等等。

二、进攻区域联防的基本要求

(一)由防守转入进攻时,首先要积极发动快攻,打乱对方的战略部署。

(二)当防守队员已经组成区域联防时,进攻队员针对防守队形,采用插空站位的进攻队形组织进攻。

(三)组织进攻区域联防战术时,应快速地传球转移进攻方向和积极穿插移动,调动和牵制防守,创造进攻机会。

（四）进攻区域联防要用准确的中远距离投篮,迫使对方扩大防区,以利于内外结合的攻击;要在防守薄弱的区域组织进攻;要在局部区域以多打少;拼抢篮板球,争取二次进攻机会;还应注意保持攻守平衡,准备退守。

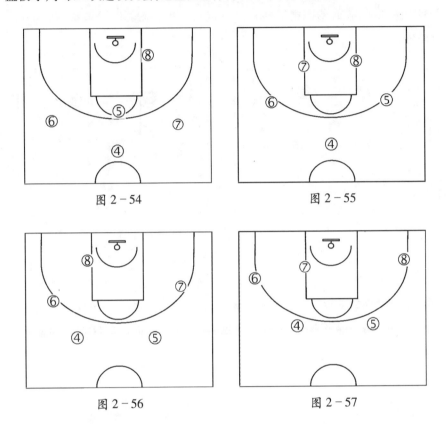

图 2-54

图 2-55

图 2-56

图 2-57

三、进攻区域联防的方法

（一）站位

进攻队员站位时,要避免与防守者形成一对一的局面,应当既要照顾到同伴间的联系,以利于组织进攻,又要考虑到一旦进攻失败时,要便于退守。

（二）配合方法

1. 利用快速传球,创造中远距离投篮的机会。如图 2-58 所示,④⑤

⑥⑧之间相互快速传球,调动④⑤⑧来回滑动,迫使对方三防四,造成进攻者有一人处于暂时无人防守的局面。这时,要抓住时机,果断大胆地进行中远距离投篮。也可以像图 2-59 那样,由④⑤相互快速传球,假攻右侧,当把④⑤吸引上来时,⑤或④即把球转移给⑥进行中投。⑤⑧⑦抢篮板球,④⑥准备防守。

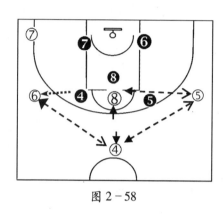
图 2-58

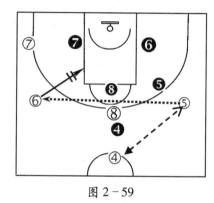
图 2-59

2. 利用穿插创造篮下或中远距离投篮的机会。如图 2-60 所示,⑥传球给⑦以后,突然向篮下空切。这时如果❼上前防守⑦,则⑦立即传球给切进中的⑥投篮,如果❽回撤堵截⑥,不让⑥接球,则❽乘机插向限制区左侧的腰上接⑦的传球投篮。

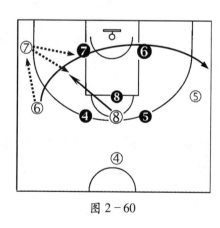
图 2-60

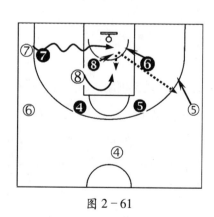
图 2-61

3. 利用突破分球创造投篮的机会。如图 2-61 所示,⑦接⑥的传球以后,也可以从底线突破。如果❽补防，⑧应迅速横插到中间，这时⑦可用低手传球或反弹球传给⑧投篮；也可以传球给⑤，⑤趁防守者尚未滑过来的机会从容投篮。

4. 利用掩护创造投篮机会。如图 2–62 所示，⑤传球给④以后，快速向篮下空切，并跑到左角。④把球传给⑥，⑦为跑到左角的⑤做前掩护，把❼挡住。⑥把球传给⑤，⑤投篮。

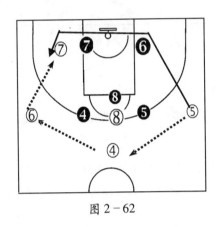

图 2–62

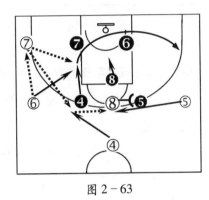

图 2–63

5. 五人配合。如图 2–63 所示，⑥传球给⑦以后，突然向篮下空切，这时如果❼上来防⑦，则篮下较空，⑦可立即把球传给空切的⑥上篮。这是第一个机会，如果⑦没把球传给⑥，则⑥继续跑到右侧，⑦可把球传给过来接应的④，④再传球给跑上来的⑤。同时⑧挡一下❺，⑤乘机中投。这是第二个机会，应注意，⑤必须跑上来接应，如果⑤原地不动，则④与⑤的距离过远，防守者很容易切断左右之间的联系。

如图 2–64 所示，如果⑤看到机会不好，则应立即将球传给⑥，⑥若不上来防守，则⑥可投篮，⑥若上来防守，⑥就有两个机会：一是传球给下顺的⑧跳投，若❽继续追防⑧，罚球线前则被拉空，⑦可乘机插入，接⑥的传球投篮；二是⑥从底线突破分球，如图 2–65 所示，当⑥突破时，⑧下顺，⑦插中，④向左移，⑥可根据出现的机会将球分给⑧⑦或④。如果上述配合没有成功，还可以重新组织这个配合。

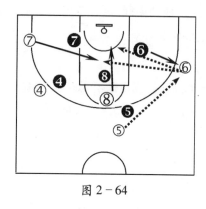

图 2 - 64 图 2 - 65

四、进攻区域联防战术方法的运用时机把握

（一）要有目的地快速传球,调动防守者移动,造成投篮的机会。接球后,不要停球不传。

（二）在自己有把握的区域内,要大胆、果断地进行中距离投篮。

（三）无球队员要穿插移动,跑向空位,这样才能调动防守者,从而创造投篮的机会。

（四）要明确每次投篮后有三人冲抢篮板球,另两人准备退守,要注意攻守平衡。

（五）要有耐心。急躁、蛮干很容易失误,给对方造成反击得分的机会。耐心进攻,即使24秒违例,也还能组织起防守,不让对方有机会快攻得分。

五、进攻区域联防战术的练习方法

（一）半场四对四

方法:如图 2 - 66 所示,四人一组,先由两组学生进行练习,练习一定次数后,再换两组进行。防守站成"2 - 2"的联防阵型,进攻站成"1 - 2 - 1"阵型。

要点:进攻组要运用传球、穿插、突破、策应来创造内外线攻击投篮机会,防守组可以由消极防守过渡到积极防守。

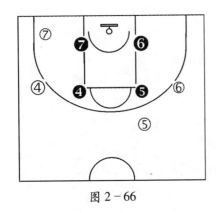
图 2 - 66

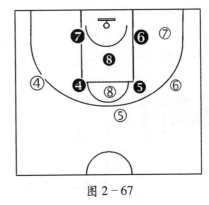
图 2 - 67

（二）半场五对五

方法：如图 2 - 67 所示，五人一组，先由两组学生进行练习，练习一定次数后，再换两组练习。防守站成"2 - 1 - 2"的联防阵型，进攻站成"1 - 3 - 1"的阵型。

要点：进攻组要运用传球、穿插、突破、策应来创造内线进攻投篮机会，防守组可以由消极防守过渡到积极防守。

（三）全场五对五攻守教学比赛

方法：五人一组，先由两组学生进行练习，练习一定时间后，再换两组练习。

要点：进攻组要把快攻和阵地结合起来，要迅速地、有针对性地落位，掌握好进攻节奏。在从后场向前场推进过程中，要把内外、左右、突破和中投、球动和人动结合起来，使进攻保持连续有组织、有变化地进行。

课后作业：

1. 记录课上的练习内容，画出战术路线图。

2. 平时的 5 对 5 比赛中，根据对手的防守特点，安排相应的进攻战术。

第九节　特殊时期的战术打法

篮球比赛是由一个个进攻回合组成的，积少成多，每次的进攻回合都有可能决定最后的成败,所以说每一次进攻回合对于比赛的胜负都是非常重要的,特别是最后时刻的进攻回合。本节课就向大家展示一些特殊时刻的战术打法,例如:边线球战术、底线球战术、最后时刻的战术,等等。

学习目标

1. 了解特殊时刻的战术打法。
2. 学会制定符合团队特点的战术,并合理运用。
3. 积极投入练习,形成团队协作的意识。

一、跳球的战术

落位:跳球落位如图2-68所示,5号位跳球(跳球队员为球队中弹跳最好的队员);4号位在5号位的对面准备接球(接球队员4号位是第二个弹跳最好的队员);2号位和3号位站在中场线的两侧;1号位在后场准备退守。

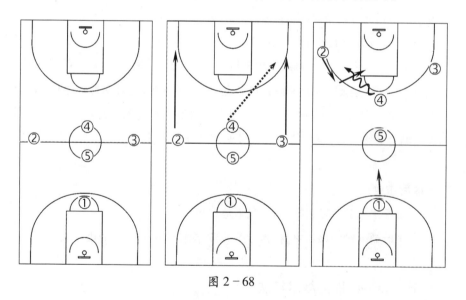

图2-68

方法:5号跳球点拨给4号位,4号位接到球的一瞬间2号位和3号位迅速延边路下顺,4号位接球后快速一传给2号位或者3号位。如果没有一传机会,

4 号运球给锋线队员 45°手递手进攻。

要点：跳球过程中，当 4 号位接到球的一瞬间，2 号位和 3 号位一定要快下。

二、罚篮时的篮板球训练

要点：

1. 抢防守篮板时，防守队员最里面的队员❹和❺不要太快进入三秒区，第一步应该先卡位，再抢篮板。

2. 抢进攻篮板时的两名队员④和⑤，一名队员快速下顺绕过❸，另一名队员上提绕过防守人❺，如图 2－69 所示。

图 2－69

三、快攻特殊战术

落位：这是一种在距离进攻时间只有 4 秒左右的一个特殊时刻实行的战术，进攻球队发后场球，2 号位和 3 号位迅速到达前场两侧底角三分线外，5 号位到达篮下，4 号位在弧顶，持球的 1 号位在上线持球。

方法 1：如图 2－70 所示，1 号位持球移动到右侧 45°的位置。2 号位和 3 号位底线交叉跑位，3 号位先借助 5 号位的横掩护后借助 4 号位的下掩护上提到

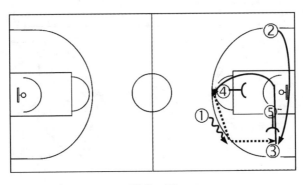

图 2－70

弧顶,2号位到右侧底角三分线外。如果球队落后三分,1号位最好传球给2号位或者上提的3号位进行三分投射,如果球队落后两分,1号位可以传球给内线的5号位进行1对1作战。

要求:因为进攻时间很短,所以全队进攻队员一定要迅速冲刺到达前场进行战术配合。

方法2:如图2-71所示,1号位同样运球到右侧45°位置,2号位和3号位底线交叉跑位,5号位给2号位掩护,3号位上提后给4号位背掩护,4号位借助掩护向篮下切入,1号位传球给4号位投篮或者传球给2号位进攻。

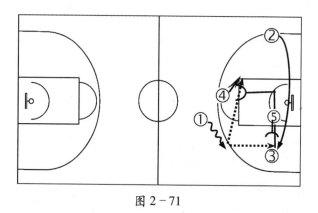

图2-71

方法3:如图2-72所示,1号位运球到右侧45°位置,2号位和3号位通过底线交叉跑位后反跑,2号位上提到弧顶接4号位的下掩护接球投篮,3号位反跑到右侧底角,也可以接球进攻。

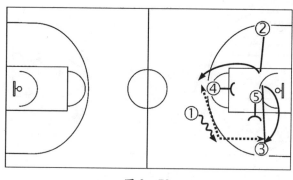

图2-72

四、底线球战术

方法：如图 2-73 所示，3 号位发底线球，5 号位、1 号位、4 号位和 2 号位 4 人呈一字型落位。战术开始，5 号位给 1 号位掩护，掩护完成下顺到篮下，1 号位借助掩护接 3 号位传球，如果有机会，1 号位传球给掩护下顺的 5 号位进攻；如果没有机会，3 号位发完球移动到弱侧 45°位置，4 号位弹出接 1 号位传球后再传给 3 号位，2 号位给 5 号位底线横掩护，5 号位接 3 号位传球投篮；如果 5 号位没有机会，2 号位上提借助 4 号位的下掩护到弧顶接球三分。

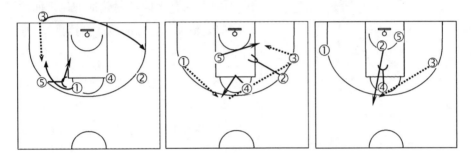

图 2-73

五、边线球的战术箱型落位进攻战术

方法：溜底进攻+高低位配合方法。3 号位发球，其余队员箱型落位（如图 2-74 所示）。1 号位借助五号位的掩护上提接球，同时 2 号位也借助 4 号位的掩护上提，1 号位接 3 号位的传球再转移给 2 号位，传完球的 3 号位溜底线利用

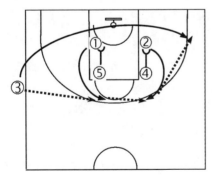
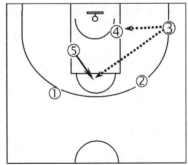

图 2-74

5号位和4号位的掩护到右侧底角三分线位置接2号位的传球,如果有机会就出手三分,如果没有机会,可以传球给篮下要位的4号位或者传给上提的罚球线的5号位进行高低位配合。

六、最后时刻的边线球空接战术

方法:4号位和5号位紧贴站位,战术开始后3号位绕着4号位切入到左侧

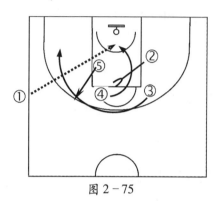

图 2-75

底角三分线外,5号位向外移动要球,2号位给4号位背掩护,4号位借助掩护向篮下切入,借助1号位的传球空接投篮(如图2-75所示)。

要点:3号位是球队当中最好的投手,这样可以吸引防守,4号位是球队当中最能跳的队员,1号位是传球能力最好的队员。

七、最后时刻全场"全垒打"战术

方法:这种方法主要用在比赛还有最后一次进攻机会,还剩余5秒左右进攻时间的时候。战术落位,4号位发球,2号位和3号位分别在中场线两侧,5号位站在前场弧顶三分线附近,1号位站在后场罚球线附近。战术开始,2号位和3号位快速交叉向前场冲刺,5号位向后场移动,4号位大力传球给5号位,5号位接到球后再迅速传球给空切到左右两侧三分线附近的2号位或者3号位,2号位或3号位接球后直接出手(如图2-76所示)。

变化1:传给5号位后1号位上前,5号位直接传球给1号位,1号位快速三分投篮。

八、绕切战术

方法:落位如图2-77所示,1号位发球,2、3、4、5号队员分别呈"一"字型在中场线站位。战术发动,3号位绕着4号位和5号位做逆时针的快速切入,同

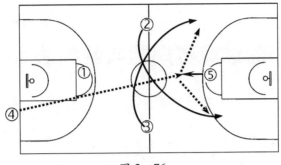

图 2−76

时 2 号位也围绕着 4、5 号位做逆时针的切入,3 号位切入后向前场左侧锋线位置移动,2 号位切入接 1 号位的传球直接运球投篮,4 号位和 5 号位原地不动给两名绕切队员做掩护。这个战术主要用在一次进攻只剩下几秒钟的比赛当中,2 号位接到球后利用绕切的速度,加上接球后运球的动力,可以在很远距离投篮命中。

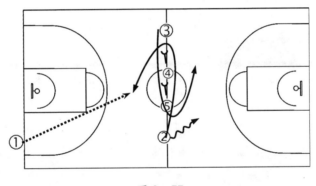

图 2−77

课后作业:

1. 记录课上的练习内容,画出战术路线图。

2. 在平时的 5 对 5 比赛中,要进行本次课学习内容的演练。

第三章 篮球竞赛规则与裁判法

第一节 篮球竞赛规则

篮球竞赛规则是篮球运动的法律性文件，是篮球竞赛唯一的理论依据。裁判法是临场裁判员的工作方法，指导裁判员完成一场竞赛的裁判工作，本节将对篮球比赛中的违例和犯规做详细的介绍和说明。

学习目标

1. 了解篮球规则中的违例和犯规。
2. 学习本节中的举例说明，明确其正确的判罚。
3. 在比赛中能够运用规则作出合理的判罚。

一、违例及其罚则

违例是违反规则的行为。裁判员应根据下列基本原则来判断是否违例：

- 规则的精神和意图以及坚持比赛完整性的需要。
- 在每场比赛中运用常识的一致性，在比赛中要记住有关队员的能力以及他们的态度和行为。

- 对比赛中队员的行为要有预判性,参与者将要做的动作是否违背规则。

罚则是发生违例的队失去球权,由对方在靠近违例的地点掷界外球,直接位于篮板后面的地方除外:如果球进入球篮虽投中但无效,随后的掷界外球应在罚球线延长线的边线外。

裁判员宣判程序:鸣哨并做停表违例手势,并指出新的进攻方向。

(一)队员出界和球出界

队员出界和球出界的定义:当队员身体的任何部分接触界线上、界线上方或是界线外的地面或是任何物体时,即是队员出界。

当球触及了下列物体,即是球出界:

- 在界外的队员和任何其他队员。
- 界线上、界线上方或界线外的地面或任何物体。
- 篮板支撑架、篮板背面或比赛场地上方的任何物体。
- 在球出界、甚至球触及了界线外的其他物体而出界之前,最后触及球或被球触及的队员是使球出界的队员。
- 如果球出界是由于触及了界线上或界线外的队员或被他所触及,是该队员使球出界。
- 在争球期间,如果队员移动到界外或他的后场,一次跳球情况发生。

执行掷球入界的队员应避免出现下列违例情况:

- 球在手中超过 5 秒钟。
- 球在手中时步入场内。
- 掷球入界的球离手后,使球触及界外。
- 在球触及另一队员前,在场上触及球。
- 直接使球进入球篮。
- 球离手前或离手时,从指定的掷球入界地点在一个或两个方向上横向移动总距离超过 1 米。只要情况许可,从界线后退多远都可以。

其他队员应避免出现下列违例情况:

- 在球被掷过界线前,将身体的任何部位越过界线。
- 当界线外侧掷球入界地点的无障碍物区少于 2 米时,靠近执行掷球入界的队员 1 米之内。

举例说明 1：判给 A4 掷球入界。持球时，A4 的手越过了界线的平面以致球处于界内区域的上方。B4 在与 A4 无任何身体接触的情况下抓 A4 手中的球或将他手中的球拍掉。

解释：B4 已经干扰了掷球入界，因而延误了比赛的重新开始。应给 B4 一次警告同时通知 B 队教练员，此警告在剩下的比赛中对 B 队所有队员适用。任一 B 队队员重复同样动作，将视为一次技术犯规。

举例说明 2：在比赛的最后 1 分钟内，A4 正在他的后场运球，这时 B 队队员将球从罚球线延长线处拍击出界。

（a）准予 B 队暂停。（b）准予 A 队暂停。（c）先准予 B 队暂停，紧接着准予 A 队暂停，暂停后 A 队应从何处掷球入界重新开始比赛？

解释：在（a）中，A 队在罚球线延长部分执行掷球入界，重新开始比赛。

在（b）和（c）中，A 队在记录台对面的中线延长部分执行掷球入界，重新开始比赛。

（二）运球违例

运球的定义：持球队员在原地或移动中，用单手连续按拍借助地面反弹起来的球的技术。当队员双手同时触及球或允许球在一手或双手中停留时，即为运球结束。队员第一次运球结束后不得再次运球，除非在两次运球之间由于下述原因他已失去了控制的活球：

- 投篮。

- 对方队员触及球。

- 传球或漏接（队员意外地失掉并随后在场上恢复控制活球，被认为是漏接球），然后触及了另一队员或被另一队员触及。

（三）带球走

带球走的定义：当队员在场上持着一个活球，其一脚或是双脚超出规则规定的限制，向任一方向非法移动。

1. 中枢脚的确定

一步急停：队员双脚着地接到球（原地接球），可用任一脚作为中枢脚，一脚抬起的瞬间,另一脚成为中枢脚。

两步急停:队员在移动中或运球中接到球。队员接到球时一脚正触及地面,另一脚再次触及地面,先落地的脚就成为中枢脚。

2. 带球走的判定

双脚站在地面上时:

- 开始运球,在球出手之前中枢脚不能离开地面。
- 传球或投篮,队员可跳起中枢脚,但在球出手之前任一脚不得落回地面。

移动时:

- 传球或投篮,队员可跳起中枢脚,并一脚或双脚同时落地。但一脚或双脚抬起后在球出手之前任一脚不得落回地面。
- 开始运球,在球出手之前中枢脚不能离开地面(先放球再迈步)。
- 队员跌倒、躺或坐在地面上:当一名队员持球时跌倒和在地面上滑动,或躺、或坐在地面上获得控制球是合法的,如果之后该队员持球滚动或试图站起来是走步违例。

(四)球回后场违例

1. 球回后场的三个必备条件:

- 控制球队才能出现球回后场。
- 必须是控制球队使球从前场进入后场。
- 必须是控制球队的队员在后场首先触球。

2. 球回后场违例的几种情况:

- 队员从前场跳起,在空中直接从中圈跳球中获得控制球,并一脚或双脚落回后场。
- 队员在前场跳起于空中获球后落于后场。
- 队员从后场跳起,在空中接住同队队员从前场传来的球后落于前场。
- 队员骑跨中线时接前场来球,等等。

(五)时间类的违例

1. 3秒违例

3秒定义:当某队在前场控制活球,并且比赛计时钟正在运行时,该队的队员不得停留在对方的限制区内超过持续的3秒钟。为证实队员自身位于限制区外,他必须将双脚置于限制区外的地面上。

队员在下列情况中应被默许:

- 试图离开限制区。
- 在限制区内,当他或他的同队队员正在做投篮动作或球已离开投篮队员的手时。
- 在限制区内已接近3秒钟时运球投篮。

2. 5秒违例

当下列情况出现时,被认为是5秒违例:

- 罚球队员在裁判员递交球后5秒没有投篮出手。
- 掷界外球的队员在裁判员递交球后或已将球放在他可处理球的地点5秒没有将球掷出。
- 持球队员被严密防守,在5秒内没有传、投、滚或运球时。
- 两名队员争球持续5秒还没有分开。

3. 8秒违例

一名队员在后场获得控制的活球,或在掷界外球时,球触及后场的任何队员或者被后场的任何队员合法触及,掷球入界的队员所在队仍拥有在后场的球权,该队必须在8秒钟内使球进入该队的前场。

当先前已控制球的同一队由于下列情况被判在后场掷球入界时,8秒钟应从剩余时间里连续计算:

- 球出界。
- 一名同队队员受伤。
- 一次跳球情况。
- 一次双方犯规。
- 双方球队的相等罚则抵消。

4. 24秒违例

当一名队员在场上控制一个活球时,该队必须在24秒内完成投篮。必须满足下列条件才构成一次投篮:

- 24 秒装置鸣响之前球必须离手。

- 球离手后在 24 秒钟装置鸣响前必须触及篮圈。

在临近 24 秒钟结束时尝试了一次投篮,并且球在空中时 24 秒计时钟信号响:

- 如果球进入球篮,没有违例发生,信号应被忽略并且记录得分有效。

- 如果球触及篮圈但未进入球篮,没有违例发生,信号应被忽略并且比赛应继续。

- 如果球未碰篮圈,一次违例发生。然而,如果对方队员即时和清楚地获得了控制球,信号应被忽略并且比赛应继续。

如果裁判员停止了比赛,球权应判给先前控制球的球队,如果掷球入界在其后场执行,24 秒计时钟应复位到 24 秒。

如果掷球入界在其前场执行,24 秒计时钟应按照下述原则复位:

- 当比赛被停止时,如果 24 秒计时钟显示为 14 秒或者多于 14 秒,24 秒计时钟不应复位,而且要从被停止的时间处连续计算。

- 当比赛被停止时,如果 24 秒计时钟显示为 13 秒或者少于 13 秒,24 秒计时钟应复位到 14 秒。根据裁判员的判断,如果对方将被置于不利,24 秒计时钟应从停止的时间连续计算。

举例说明 1:A5 投篮的球触及篮板,但是没有触及篮圈。在篮板球中球被 B5 触及但未被控制,此后,A5 获得控制球。在此时 24 秒钟装置信号响起。

解释:24 秒钟违例已经发生。当投篮的球没有触及篮圈并且球再被 A 队队员所控制的时候,24 秒计时钟应继续走动。

举例说明 2:A4 投篮的球在空中时 24 秒钟装置信号响起。球没有触及篮圈,之后在 A5 和 B5 之间立刻宣判了一次争球。

解释:24 秒钟违例已经发生。B 队没有在篮板球中即时和清晰地获得控制球。

举例说明 3:A 队控制球,在 24 秒钟周期剩下 10 秒钟的时候发生了一起争球。一次交替拥有掷球入界被判给了:

(a) A 队。(b) B 队。

解释：（a）A 队只有 24 秒钟周期中剩余的 10 秒钟。（b）B 队应有一个新的 24 秒钟周期。

（六）干扰得分违例

在下列情况下干扰得分发生：

1. 在一次投篮、最后一次或者仅有的一次罚球中，当球与篮圈接触时，队员触及球篮或篮板。

2. 在一次罚球后，球有进入球篮的可能性时，一名队员触及球、球篮或篮板时。

3. 队员从下方伸手穿过球篮并触及球时。

4. 当球在球篮中，防守队员触及球或球篮，从而阻止球穿过球篮时。

5. 队员使篮板颤动或者抓球篮，根据裁判员的判定，这种手段已妨碍球进入球篮或者使球进入球篮时。

6. 队员抓球篮打球时。

举例说明 1：A4 的最后一次或仅有一次的罚球，球触及了篮圈并弹起在篮圈上方，这时 B4 试图将球拍走但球进入球篮。

解释：因为球被合法触及，罚球的状态发生了改变，判给 A 队得 2 分。

举例说明 2：在临近比赛结束时，A4 进行了一次 3 分试投。球在空中时，结束比赛的计时钟信号响起。在信号之后，B4 使篮圈或篮板晃动，裁判员认为此举已妨碍球进入球篮。

解释：即使在结束比赛的比赛计时钟信号响起之后，球仍然是活球，因此一次干扰违例已发生。判给 A 队得 3 分。

（七）脚踢球与拳击球

故意踢球、用拳击球或用腿的任何部分拦阻球为违例，脚或腿偶然地碰到球不算违例。

（八）跳球——交替拥有

跳球情况：

- 宣判了一次争球时。
- 球出界，但裁判员们无法判定谁是最后触球的队员或意见不一致时。

- 在最后一次或仅有一次不成功的罚球中,双方队员发生违例时。

- 一个活球,夹在篮圈和篮板之间时(罚球之间除外)。

- 任何一队既没有控制球又没有球权,球成死球时。

- 在抵消了双方球队的相等罚则后,没有留下其他要执行的罚则,以及在第一次犯规或违例之前任何一队既没有控制球也没有球权时。

- 除第 1 节外,所有节将开始时。一次跳球发生执行交替拥有。交替拥有是以掷球入界的方式,而不是以跳球来使球成活球的一种方法。

交替拥有程序:

- 在所有跳球情况中,双方球队将交替拥有在最靠近发生跳球情况的地点掷球入界权。

- 在跳球后未在场上获得控制活球的队应得到第一次交替拥有球权。

- 在任一节结束时,获得下一次交替拥有权的队应在记录台对侧的中线延长线以掷球入界开始下一节,除非有进一步的罚球和球权罚则要执行。

- 应由指向对方球篮的交替拥有箭头来指明交替拥有掷球入界权的队。当交替拥有掷球入界结束时,交替拥有箭头的方向立即反转。

- 某队在它的交替拥有掷球入界中违例,使该队失掉交替拥有掷球入界的机会。交替拥有箭头应立即反转,指明违例队的对方在下一次跳球情况中对交替拥有掷球入界有权,于是将球判给违例队的对方在最初掷球入界的地点掷球入界继续比赛。

- 任何一球队犯规不使掷球入界队失掉该交替拥有掷球入界的机会。

举例说明 1:主裁判员为比赛开始的跳球抛球,在球刚被跳球队员 A4 合法拍击之后:

(a) A4 和 B5 之间宣判了争球。(b) A4 和 B5 之间宣判了双方犯规。

解释:因为球权尚未建立,裁判员不能用交替拥有箭号判给球权。主裁判员应在中圈进行另一次跳球,跳球队员应为 A4 和 B5。在合法的拍球之后,以及在争球/双方犯规发生之前,不论比赛计时钟上消耗多少时间,均应保留。

举例说明 2:根据交替拥有规则,B 队有掷球入界的球权。裁判员和/或记录员犯了一个错误,错误地将球判给了 A 队掷球入界。

解释：一旦球触及一名场上队员或被他所触及，此错误就不能被纠正。作为错误的结果，B队不会失去它的交替拥有掷球入界的机会，并且当下一次交替拥有情况出现时有掷球入界的球权。

举例说明3：在结束第1节比赛的信号响起同时，B5被宣判一起对A5的违反体育道德的犯规。交替拥有的箭号指向B队。裁判员应如何处理？

解释：A5应执行2次无需站位的罚球，并且无剩余比赛时间。在两分钟的比赛休息期间之后，比赛应由A队在记录台对面的中线延长部分掷球入界重新开始。B队在下一次跳球情况出现时并不失去交替拥有掷球入界的权利。

二、犯规及罚则

（一）犯规的定义

犯规是违反规则的行为，含有身体接触和违反体育道德的举止行为，犯规可分为侵人犯规和技术犯规。

1. 宣判程序：鸣哨并做停表手势，用手势表明犯规队员的号码、犯规的性质及罚则。

2. 罚则：如对没有投篮动作的队员犯规，由非犯规的队在最靠近犯规的地点掷球入界重新开始比赛，如犯规队每节全队犯规累计已达4次后，罚球2次；如被侵犯队员在做投篮动作，投中2分或者3分，加罚一次。如投篮没有中篮，则罚球2次或3次。

（二）接触与侵人犯规的若干规定

1. 圆柱体原则

圆柱体原则的定义是一名站在地面上的队员占据一个假象的圆柱体内的空间。它包括该队员上面的空间，前面由手的双掌，后面由臀部，两侧由双臂和双腿的外侧，双手和双臂在躯干前面伸展，肘部弯曲不超过双脚的位置，他的双脚间的间距应依据他的身高有所不同。

2. 垂直原则

队员对直接在他们上面的空间拥有权利，防守队员不能将双臂放在进攻队员上方，以阻止进攻队员垂直跳起和投篮；进攻队员不能斜着跳起而撞到处于合法防守位置的队员身上。

3. 合法防守位置

双脚以正常跨步站立姿势着地,面对对手,两臂向上伸直,两脚间的距离与身高成比例。

4. 防守控制球的队员和不控制球的队员

(1) 不控制球的队员和任何防守他的对手必须考虑时间和距离的因素,即都不能离对手太近,如果队员在上位时忽视了时间和距离的因素并发生身体接触,他应该对接触负责。

(2) 在防守控制球队员时,时间和距离的因素不适用。

判断持球队员阻挡/撞人情况时,裁判员应运用下列原则:

• 防守队员必须以面对持球队员并双脚着地来建立一个最初的合法防守位置。

• 防守队员为保持最初的合法防守位置,可保持静立、垂直跳起、侧移或后移。

• 在保持最初的合法防守位置的移动中,一脚或双脚可以瞬间离地,只要该移动是侧移或者向后的,而不是朝向持球队员前移的。

• 接触必须发生在躯干上,在这样的情况下,防守队员将被认为是已经先在接触地点了。

• 已建立合法防守位置的防守队员可以在其圆柱体之内转身,以避免受伤。

5. 腾空的队员

从场上某处跳起在空中的队员有权不受对方妨碍再落到原地点上,也可落到场上另外在起跳时没有对手占据的地点和从起跳点至落地点之间的直通路径。当对手已跳起在空中后,队员不得移至对手的路径上。

6. 合法掩护和非法掩护

当正在掩护对手的队员发生接触时是静止的,并双脚着地,是合法掩护。

当正在掩护对手的队员发生接触时正在移动;在静止对手的视野之外做掩护,发生接触时没有给出足够的距离;发生接触时,对移动中的对手没有顾及时间和距离的因素,属于非法掩护。

7. 用手或手臂接触对方队员

用手触及对方队员,本身未必是犯规。应判定引起接触的队员是否已经获得了不公正的利益。如果队员引起的接触在任何方面限制对方队员的移动自由,这样的接触就是犯规。

当防守队员处于防守位置,并且其手或手臂放置在持球或不持球的对方队员身上并保持接触以阻止其行进,就发生了非法用手或非法伸展手臂。反复地触及或"戳刺"持球或不持球的对方队员是犯规,这可能导致粗暴的比赛。

（三）几种特定犯规及其罚则

1. 技术犯规

技术犯规的定义是队员或教师及随队人员漠视裁判员的劝告或有不正当、不道德的行为就示为是技术犯规,技术犯规是没有身体接触的犯规。

罚则:竞赛中队员的技术犯规判给 1 次罚球和在中场掷界外球。下列情况被认定为技术犯规,但技术犯规不局限于下列情况:

- 无视裁判员的警告。
- 无礼地触碰裁判员、技术代表、记录台人员或球队席人员。
- 与裁判员、技术代表、记录台人员或对方队员交流中没有礼貌。
- 使用很可能冒犯或煽动观众的粗话或手势。
- 戏弄对方队员或在对方队员的眼睛附近摇手妨碍其视觉。
- 在球穿过球篮之后故意触及球或阻碍迅速地掷球入界以延误比赛。
- 跌倒以伪造一次犯规。
- 悬吊在篮圈上,导致队员的重量由篮圈支撑,除非扣篮后队员瞬间抓住篮圈,或者根据裁判员的判断,他正试图防止自己受伤或另一队员受伤。
- 在最后一次或仅有一次的罚球中防守队员干涉得分,判给进攻队员得 1 分,随后执行登记在该防守队员名下的技术犯规罚则。

2. 违反体育道德的犯规

违反体育道德的犯规定义是依据裁判员的判断,使用超出规则的精神和意图及不合理的动作进行比赛而造成的侵人犯规。

裁判员应根据下列原则来判定：

- 如果一名队员不努力去抢球并发生身体接触。
- 如果一名队员在努力抢球中造成过分的身体接触(严重犯规)。
- 如果防守队员试图阻止一次快攻,从对方队员身后或侧面与其身体发生接触,并且在进攻队员和对方球篮之间没有防守队员。

罚则：应给犯规队的队员登记一次违反体育道德的犯规。

应判给被犯规队的队员执行罚球,以及随后：

- 在记录台对侧的中线延长线掷球入界。
- 在中圈跳球开始第一节。

判罚罚球的原则：

- 如果对没有做投篮动作的队员发生犯规,判给2次罚球。
- 如果对正在做投篮动作的队员发生犯规,如中篮应记得分并追加一次罚球。
- 如果对正在做投篮动作的队员发生犯规,并且球未中篮,判给2次或3次罚球。

3. 取消比赛资格的犯规

取消比赛资格的犯规定义是队员、球队席人员的任何恶劣的违反体育道德的行为。

罚则：应给犯规者登记一次取消比赛资格的犯规。

罚球应判给：

- 如果是一起非身体接触的犯规,由对方教练员指定的任一队员罚球。
- 如果是一起身体接触的犯规,由被犯规的队员罚球。

以及随后：

- 在记录台对侧的中线延长线掷球入界。
- 在中圈跳球开始第一节。

罚球次数的规定：

- 如果对没有做投篮动作的队员发生犯规,判给2次罚球。
- 如果对正在做投篮动作的队员发生犯规,如中篮应记得分并追加一次罚球。

• 如果对正在做投篮动作的队员发生犯规,并且球未中篮,判给 2 次或 3 次罚球。

4. 双方犯规

双方犯规的定义是两名互为对方的队员大约同时相互发生的侵人犯规的情况。

比赛应以以下方式重新开始:

• 投篮得分,或最后一次或仅有一次的罚球得分,应将球判给非得分队从端线的任何地点掷球入界。

• 某队已控制球或拥有球权,应将球判给该队在最靠近违反的地点掷球入界。

• 任一队都没有控制球也没有球权,一次跳球情况发生。

5. 打架

在打架时,任何坐席人员离开球队席区域的界限应被取消竞赛资格,并登记一次教练员技术犯规,按教练员技术犯规进行处罚。

举例说明 1: A4 跳起投篮。当球在空中时,24 秒钟装置信号响起。在信号之后,但 A4 仍在空中,B4 对 A4 发生了一次违反体育道德的犯规,并且:

(a)球未碰到篮圈。(b)球只触及篮圈但没有进入球篮。(c)球进入球篮。

解释:在所有的三种情况中,B4 违反体育道德的犯规不应该被忽略。

(a)A4 做投篮动作时,B4 对 A4 犯规(罚则:2 次或 3 次罚球,接着由 A 队在记录台对面的中线延长部分掷球入界)。A 队发生 24 秒钟违例之后(罚则:由 B 队在罚球线延长部分掷球入界)。应判给 A4,2 次或 3 次罚球,但 A 队的掷球入界权应该被取消,因为不是最后要执行的罚则。比赛应由 B 队在罚球线延长部分以掷球入界重新开始。

(b)没有 24 秒钟违例发生。应判给 A 队 2 次或 3 次罚球,随后由 A 队在记录台对面的中线延长部分掷球入界。

(c)没有 24 秒钟违例发生。应判给 A 队 2 分或 3 分,随后判给 A4 一次追加的罚球。然后由 A 队在记录台对面的中线延长部分掷球入界。

如果一次双方犯规发生在罚球活动中，或者带有相等罚则的犯规发生在罚球活动中，这些犯规应被登记但不执行罚则。

举例说明 2：A 队被判给 2 次罚球，在第 1 次罚球后，A5 和 B5 发生了一次双方犯规。

解释：应给 A5 和 B5 登记犯规，此后 A4 应执行第 2 次罚球，并且比赛应如同任何最后一次或仅有一次的罚球之后一样正常地重新开始。

举例说明 3：A 队被判给 2 次罚球，两次罚球均成功。在最后一次罚球后、球能再次成活球之前：

(a) A5 和 B5 发生了一次双方犯规。(b) A5 和 B5 发生了技术犯规。

解释：在(a)和(b)中，这些犯规都应给相应的队员登记。此后比赛应如同任何成功的最后一次或仅有一次的罚球之后一样从端线掷球入界重新开始。

至于特殊情况，当双方球队的相等罚则都抵消后没有其他罚则执行，比赛应由第一次犯规前已控制球或拥有球权的队掷球入界重新开始。

如果第一次犯规前双方都没有控制球或拥有球权，这是一次跳球情况，比赛以交替拥有掷球入界重新开始。

举例说明 4：在第 1 节和第 2 节之间的比赛休息期间：

——在 A5 和 B5 之间宣判一次双方犯规，他们互相殴打并被取消比赛资格。

——A 队教练员被宣判技术犯规，然后 B 队教练员被宣判技术犯规。

交替拥有箭号指向：(a) A 队。(b) B 队。第 2 节应怎样重新开始比赛？

解释：(a) 比赛应由 A 队在最靠近发生双方犯规或第一次违犯的地点掷球入界重新开始。当球触及一名场上队员的时刻，箭号应转向 B 队。

(b) 按照相同的程序，判给 B 队以掷球入界开始。

课后作业：

1. 熟读裁判规则，学习裁判手势。

2. 在比赛中，理解裁判判罚，掌握的篮球技术符合规则的要求。

3. 分析在比赛中出现的违例、不必要的犯规,要如何避免?

4. 在学生比赛中临场执裁,把规则运用到比赛中。

第二节　篮球竞赛裁判法

篮球竞赛裁判法是临场裁判员工作的方法,指导裁判员应该如何完成一场竞赛的裁判工作。

学习目标

1. 了解篮球裁判工作的方法。
2. 熟悉前导及追踪裁判的分工及配合。
3. 掌握裁判判罚的手势。

一、裁判员的职责与权利

(一)裁判员的组成

裁判员的组成包括主裁判员、副裁判员、记录员、助理记录员、24 秒技术员各一名。

(二)主裁判员的职责与权利

1. 检查所有用于比赛的器材。

2. 制定正式比赛计时钟、24 秒钟装置、秒表,并确认记录台人员。

3. 在每节和决胜期的开始在中圈执行跳球。

4. 在必要时有权停止比赛。

5. 当球队经裁判员通知后,如拒绝出场比赛或阻挠比赛进行时,裁判员有权宣布该队弃权。

6. 在第 2 节、第 4 节和任何决胜期结束时,仔细核对记录表;或必要时核准比分。

7. 在任何必要时或裁判员之间意见不一致时有最后决定权。

8. 有权决定规则所未提及的事项。

9. 竞赛开始前 20 分钟到达场地，开始行使权力，竞赛时间终了时权力结束。

（三）裁判员的职责与权力

1. 裁判有权对不论在界线内或是界线外(包括记录台、球队席以及靠近边线后的区域)所发生的对规则的违犯作出宣判。

2. 当发生一起违反规则、一节结束或裁判员发现有必要停止比赛时，裁判员应鸣哨。

3. 当判定身体接触或违例时，裁判员应遵循规则的精神和意图以及坚持比赛完整性的需要，运用有利/无利概念的一致性。

4. 如果其中一个队提出抗议，主裁判员应在比赛时间结束后的 1 小时内，向竞赛的组织部门报告该抗议。

5. 如果一位裁判员受伤或因为其他原因不能到场，剩余裁判员应一直执裁到比赛结束。除非有符合资格的裁判员替换。

6. 每一裁判员有权在他的职责范围内作出宣判，但他无权漠视或质问另一裁判员作出宣判。

7. 裁判员所做的决定是最终的，不能被争辩或漠视。

二、竞赛前的准备工作

（一）开好准备会

准备会包括：特殊情况、合作和配合、3 分试投、对比赛的感觉、有利/无利原则、特定比赛中的占位和责任、无球区域监管、由参赛者和观众引起的问题处理、联络的方式，等等。

（二）做好准备活动

赛前准备活动是不可缺少的。裁判员要做好各种形式的伸展运动，以防止受伤危险的发生，同时也能使裁判员有良好的精神状态迎接比赛。

（三）赛前准备

两位裁判员必须在比赛开始前至少 20 分钟进入场地和下半时开始前不迟

于 5 分钟一起到达场地。

与记录台取得联系,检查竞赛设备,选择竞赛用球,观察球队赛前热身练习情况(观察两队任何可能导致比赛设备损坏的行为,如抓筐、损坏篮板等),双方教练记录表的填写情况,主裁判员宣布离竞赛开始还有 3 分钟。运动员还可以参加最后的热身。比赛开始前 1 分 30 秒时所有队员回到球队席,等待入场。

三、临场裁判员的名称及分工与配合

(一)在二人制裁判中,裁判被分为前导裁判和追踪裁判。在三人制裁判中,裁判被分为前导裁判、中央裁判和追踪裁判。这里我们主要介绍二人制裁判。

(二)两裁判员的工作原则

监控原则、捅进原则、寻找缝隙原则、保持移动原则

(三)追踪裁判的主要职责

- 2 分投篮和 3 分试投。
- 若某一队员投篮,球离手前,是否该节时间已到或发生了 24 秒违例。
- 篮圈水平面以上发生的情况,干涉得分和对球干扰。
- 篮板球情况,特别注意外线队员。
- 有球和无球掩护是否有犯规。
- 低策应区,特别是弱侧。
- 带球走违例,接近前导裁判员及靠近球篮。
- 24 秒违例的情况。
- 当球不在其主要职责区域内时覆盖无球区域。
- 自己左侧的边线及中场线、球回后场、8 秒违例。

(四)前导裁判员的主要职责

- 篮下发生的情况。
- 中锋策应情况。
- 整个限制区内的活动。
- 掩护和抢篮板球的情况。

- 接近球篮的投篮情况。

- 自己左侧的边线及端线。

（五）临场裁判员的分工与配合

1. 比赛开始时裁判员的分工与配合

主裁判：鸣笛通知离比赛开始还有 1 分钟；开始抛球前应该核实跳球队员已经做好准备，并与副裁判联系；进入中圈抛球，高度要超过任何一名队员跳起时能达到的高度（不含哨，抛球后观察进攻方向，成为追踪裁判），如图 3 - 1 所示。

图 3 - 1

副裁判：两脚骑跨中线站立（口中含哨，手臂向上伸直，做开表手势），与主裁判和记录台联系，观察违例及犯规（球是否被跳球队员合法拍击），一旦被合法拍击给出开标手势，根据比赛方向快速移动，要跑在球的前面，以便占据前导位置。

2. 半场的区域分工后配合

为了便于理解，把每半个场地划分为①至⑥号的长方形。

前导裁判负责的区域：4、5 区及队员在 6 区向篮下切入时，追踪裁判负责的区域是 1、2、3、5、6 区，5 区为共管区，如图 3 - 2 所示。

当球在追踪裁判的区域时，由追踪裁判负责观察球及球周围的情况，前导裁判观察无球区及 3 秒违例；当球在前导裁判的区域时，由前导裁判负责观察

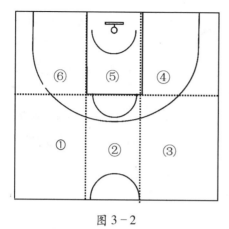

图 3-2

球及球周围的情况,追踪裁判观察无球区及 3 秒违例;当球在共管区时,两人共同观察。

但追踪裁判要记住最重要的原则是,当传球、运球或投篮的球向球篮或端线推进时,追踪裁判必须插进到罚球线延长线附近,以便更好地寻找队员之间的空间。

裁判员的移动:追踪裁判的移动,向下不应超过罚球线的延长线,向前不应超过三分线,向内不应超过球场的中轴线,宣判时的距离应为 3—5 米;前导裁判的移动路线是沿着底线,面向球场迎着进攻方向,从他左侧的 3 分线至右侧的限制区底角。

裁判员的位置:位置选择的原则是能看到攻守队员之间的缝隙和球周围的情况,两个裁判员的视线始终包围着球和 10 名队员。

全场进攻时的移动:前导裁判员在进攻方向的右侧跑在球的前面;追踪裁判员跟在进攻方向的左后方向距离球 3—5 米。

3. 裁判员所负责的线与掷界外球时的配合

裁判员所负责的线:前导裁判员负责进攻方向右侧边线与前场的端线;追踪裁判员负责左侧边线与中线。

各种位置上掷界外球的配合:后场掷界外球时,追踪裁判担任执行裁判;前场掷界外球时,只有在前场右侧边线从罚球线的延长线至端线的距离内掷界外球时,由前导裁判担任执行裁判,其余均由追踪裁判执行。

4. 投篮时的分工与配合

当投篮的球在空中时,追踪裁判应负责观察球的飞行、攻守双方有无干扰球违例、球是否中篮;前导裁判负责观察篮下队员的肩部以下动作有无犯规。在 4 区出现 3 分投篮和快攻中出现 3 分投篮时,前导裁判负责做出 3 分预投手势(协助追踪裁判)。

5. 宣判犯规时的配合

当一名裁判员宣判犯规后,另一裁判员不要急于捡球,应先观察场上队员的行动并协助宣判裁判,记住犯规队员号码及投篮的球是否中篮,然后再去拿球,等待宣判结束再开球或执行罚篮。

6. 罚球时的分工与配合

前导裁判:进入罚球区,用手势表明罚球的次数,将球递交给罚球队员并做罚球次数的手势,之后退回就近的端线,观察罚球队员违例。

追踪裁判:负责两次罚球的记录,观察罚球队员违例及两侧队员的违例,并观察罚球中篮的情况。

7. 暂停时的分工与配合

暂停时,由靠近记录台的裁判员担任执行裁判。配合裁判持球站在暂停后竞赛重新开始的地点,如果暂停后需要罚球,应站在罚球区。

8. 宣判的程序

宣判违例的程序:鸣哨并做出停表手势,违例类型手势,新的进攻方向。

宣判犯规的程序:鸣哨并做出停表手势(另一手臂和手掌斜下方伸出,掌心向下指向犯规队员腹部),向记录台宣告(投篮有效无效手势,犯规队员号码,犯规性质,新的进攻方向和罚则)。

宣判犯规、争球后裁判员换位的方法:宣判争球与犯规后两裁判员应互换位置,换位时沿右侧进行移动。跳球时,由换位后面向记录台的裁判员执行跳球;罚球时,由换位后的追踪裁判执行罚球。

9. 每半时终了和决胜期的分工与配合

追踪裁判重点观察场上的投篮情况和投篮时有无犯规;前导裁判注意观察计时钟的时间。

四、竞赛结束后的工作

主裁判审查记录表,副裁判、主裁判依次签字,裁判员的权力即宣告结束。

五、裁判手势

比赛时钟信号

停止计时钟	犯规停止计时钟	计时开始

图 3-3　伸开手掌　　　　图 3-4　一拳紧握　　　　图 3-5　用手做砍劈

得分

　　　　　1分　　　　　　　　　2分

图 3-6　1 指压手腕下屈　　图 3-7　2 指压手腕下屈

3分

图 3-8　3 指伸展

一只手臂：3 分试投　　　　　两只手臂：3 分投篮成功

替换和暂停

替换　　　　　　　　　招呼入场　　　　　　　　暂停

图 3-9　前臂交叉　　　图 3-10　伸出手掌,掌心　　图 3-11　成 T 形,手指
　　　　　　　　　　　　　　　　　面向自己　　　　　　　　　　　指向掌心

提供信息

取消得分或取消比赛

图 3 - 12

先屈双臂体前上下交叠　　　　　　再像剪的动作打开

可见计算

图 3 - 13

先屈臂在胸前到平举　　　　　　再打开交叉一次

交流

计时钟复位

图3-14　伸出拇指"好"　　图3-15　伸出食指转动一周

出界或比赛方向

跳球争球

图3-16　平举手臂,手指指向比赛　图3-17　伸出拇指,按箭头
　　　　方向或掷界外球地点　　　　　给出比赛方向

违例

带球走   两次运球

图 3-18　转动双拳　　图 3-19　两手交替上下

携带球

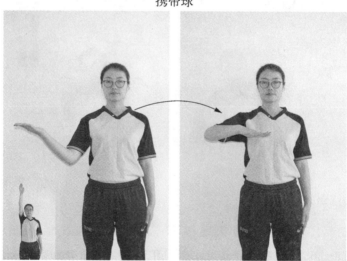

图 3-20　半转手掌

24秒　　　　　　　　　　　　　故意脚踢球

图 3 - 21　手指触肩伸直手臂　　图 3 - 22　手指脚尖
　　　　　　手指环绕一周

球回后场

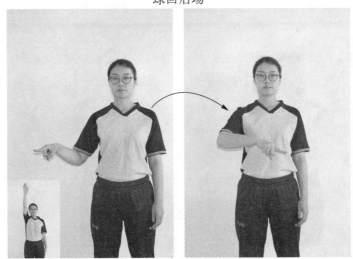

图 3 - 23　身前摆动手臂

队员号码

NO.0

图 3-24 右手示 0 号

NO.1—5

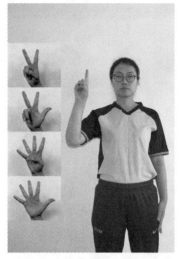

图 3-25 右手示 1—5 号

NO.6—10

图 3-26 右手示 5 号，
左手示 1—5

NO.11—15

图 3-27 右手示握拳，
左手示 1—5

NO.16

图 3 - 28

右手背朝外示 1　　　　　　手心朝外示 6
代表十位数　　　　　　　代表个位数

NO.24

图 3 - 29

右手背朝外示 2　　　　　　手心朝外示 4
代表十位数　　　　　　　代表个位数

NO.40

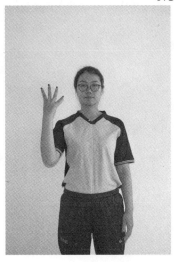

图 3－30

右手背朝外示 4　　　　　　手心朝外示 0
代表十位数　　　　　　　　代表个位数

NO.62

图 3－31

右手背朝外示 6　　　　　　手心朝外示 2
代表十位数　　　　　　　　代表个位数

NO.78

图 3 - 32

右手背朝外示 7
代表十位数

手心朝外示 8
代表个位数

犯规类型

拉人   非法掩护

图 3 - 33   向下抓住手腕   图 3 - 34   两手插腰

推人

图 3-35　模仿推的动作

用手推挡

图 3-36　抓住手腕向前移动

击头

图 3-37　模仿拍击头部

控制球队犯规

图 3-38　握拳指向犯规队球篮

对投篮动作犯规　　　　　对非投篮动作犯规

图 3-39　犯规动作后指示　图 3-40　犯规动作后指向地面
　　　　 罚球次数

课后作业：

1. 熟读篮球裁判法及裁判员的分工和配合。

2. 每日对着镜子练习裁判手势，直到完全掌握。

3. 在校内联赛中临场执法，并记录赛后小结。

第三节　三对三篮球规则

学习目标

1. 了解三对三篮球规则。

2. 胜任三对三的裁判工作。

一、场地和用球

比赛应在拥有一个球篮的 3×3 的篮球场地上进行。标准的 3×3 篮球场地面积应为 15 米(宽)×11 米(长)。场地应提供一个标准篮球场尺寸的区域,包括一条罚球线(5.80 米)、一条两分球线(6.75 米),以及球篮正下方的一个"无撞人半圆区"。可使用传统篮球场的半场。

二、球队

每支球队应包括 4 名队员,其中 3 名为场上队员,1 名为替补队员。

三、比赛裁判

比赛裁判应由 1 或 2 名裁判员和计时员/记录员组成。

四、比赛开始

1. 比赛开始前,双方球队应同时进行热身。

2. 双方球队以掷硬币的方式决定第 1 个球权。获胜一方可以选择拥有比赛开始时的球权或拥有可能进行的决胜期开始时的球权。

3. 每支球队必须有 3 名队员在场上才能开始比赛。

五、得分

1. 在圆弧线以内投篮中篮得 1 分。

2. 在圆弧线以外投篮中篮得 2 分。

3. 罚球中篮得 1 分。

六、比赛时间/胜者

1. 比赛时间为 10 分钟。在死球状态下和罚球期间应停止计时钟。在进攻队和防守队完成一次传递球后,一旦进攻队接到回传球,应启动计时钟。

2. 在规定的比赛时间结束之前,率先得到 21 分或以上的球队获胜。该规则仅适用于常规的比赛时间,而不适用于可能发生的决胜期。

3. 如果比赛时间结束时比分相等,则应进行决胜期。决胜期开始前应有 1 分钟的休息时间,决胜期中率先得到 2 分的队获胜。

4. 如果在预定的比赛开始时间,球队不足 3 名队员在场准备比赛,则判该队由于弃权使比赛告负。如果比赛因弃权而告负,比赛得分应记录为 W-0 或 0-W("W"代表 win)。

5. 如果某队在比赛结束前离开比赛场地,或该队所有的队员都受伤了和/或被取消了比赛资格,则判该队因缺少队员使比赛告负。如果发生因缺少队员使比赛告负的情况,胜队可以选择保留该队的得分或使比赛因弃权而告负的得分,在任何情况下因缺少队员使比赛告负的队得分应登记为 0。

6. 某队因缺少队员告负或以不正当的方式弃权而告负,将取消该队在整个联赛中的比赛资格。

在没有比赛计时钟的情况下,由组委会决定比赛的时长,国际篮联建议采取与比赛时长一致的得分限制(10 分钟/10 分;15 分钟/15 分;20 分钟/21 分)。

七、犯规/罚球

1. 在某队犯规达到 6 次后,该队处于全队犯规处罚状态。在某队犯规达到 9 次后,随后的任何犯规都被认为是技术犯规。为避免疑义,依据规则第 15 条,基于侵人犯规的次数,队员不被逐出场外。

2. 对在圆弧线以内做投篮动作的队员犯规,应判给 1 次罚球;对在圆弧线以外做投篮动作的队员犯规,应判给 2 次罚球。

3. 对在做投篮动作的队员犯规,球中篮,得分有效,追加 1 次罚球。

4. 某队全队犯规的第 7,第 8 和第 9 次总是判给对方 2 次罚球。第 10 次和随后的全队犯规以及技术犯规和违反体育道德犯规总是判给对方 2 次罚球和球权。这条也应用于对一个正在做投篮动作队员的犯规,但不按照 7.2 和 7.3 判罚。

5. 由违反体育道德的犯规或技术犯规得到的最后一次罚球之后,球权保留,比赛将在场地顶端的圆弧线外,以进攻队与防守队队员之间的传递球方式继续比赛。

八、如何打球

1. 在每一次投篮中篮或最后一次罚球中篮后(不包括第7.5条)

非得分队的一名队员在场内球篮正下方(而非底线后)将球运至或传至场地圆弧线外的任意位置重新开始比赛。此时,防守队不得在球篮下的"无撞人半圆区"内抢断球。

2. 在每一次投篮没有中篮或最后一次罚球没有中篮后(不包括第7.5条)

如果进攻队抢到篮板球,则可以继续投篮,不需要将球转移至圆弧线外。

如果防守队抢到篮板球或者抢断了球,则必须将球转移至圆弧线外(通过运球或传球的方式)。

3. 任何死球状态下给予任一队的球权,应在场地顶端的圆弧线外,以(进攻队与防守队)队员之间的传递球方式开始比赛。

4. 若队员的双脚都不在圆弧线内,也没有踩踏圆弧线,则被认为"处于圆弧线外"。

5. 出现跳球情况时,球权判给防守队。

九、拖延比赛

1. 拖延或主动地消极比赛(例如不尝试得分)应判违例。

2. 如果比赛场地装备了投篮计时器,则进攻队必须在12秒之内尝试投篮。一旦进攻队持球(在和防守队传递球后,或在球篮下方得分后),12秒计时器应立刻开始计时。

如果比赛场地没有装备12秒投篮计时器,并且某队消极比赛,裁判员应以最后5秒倒计时报数的方式警告该队。

十、换人

当球成死球时并且进攻队尚未与防守队队员之间传递球前,允许任一队替换队员。替换上场的队员在他的队友离开场地,并与他发生身体接触后,方可进入场地。换人只能在球篮对侧的端线外进行,替换队员无需告知裁判员和记录台人员。

十一、暂停

每队拥有 1 次 30 秒的暂停,在死球状态下,一名队员可以请求暂停。

课后作业:

1. 对照 FIBA 的篮球规则,比较不同之处。
2. 在比赛中增加执裁的场次,积累经验。

第四章　篮球游戏

一、综合类游戏：跳一跳（如图4-1所示）

对象：有一定篮球基础的学生

目的：锻炼协调性、灵敏性、巩固篮球运球技术

要求：

1. 腿夹球跳到三分线，转身运球三步上篮不进补篮。

2. 中途掉球，返回重新开始。

3. 依次进行到最后一名同学完成结束，输队要被惩罚。

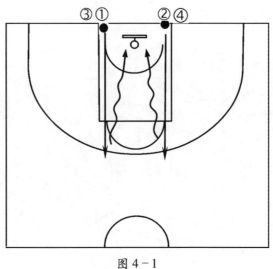

图4-1

二、技术类游戏：压力下罚篮（如图4－2所示）

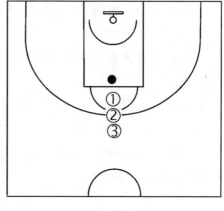

对象：有篮球基础的学生

目的：罚篮准确性

要求：罚球线罚球，罚不进可以补篮，在下一个罚篮队员进球前补篮成功，可以继续进行比赛，如果没有补进就被淘汰。以此类推，最终决出胜者。

图4－2

三、综合类：拼抢地滚球（如图4－3所示）

对象：零基础~有基础的学生

目的：速度、意识、对抗性

要求：

1. 两组队员中线两边站位，两人一组。

2. 教师抛地滚球。

3. 两人一组同时起跑摸到对应篮架折返接球。

4. 加大难度：接球后一对一单打进攻。

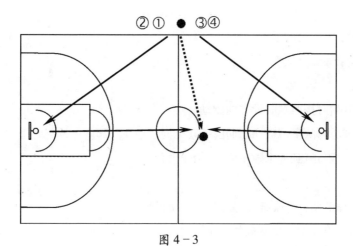

图4－3

四、体验类：抛球喊号（如图 4－4 所示）

对象：零基础的学生

目的：锻炼灵活性、协调性、球性练习

要求：

1. 抛球者站在圆心内抛球，且具有一定的高度。

2. 抛球与喊号同时进行。

3. 被喊号者未接到球，要给与惩罚。

4. 所有队员依次报数。

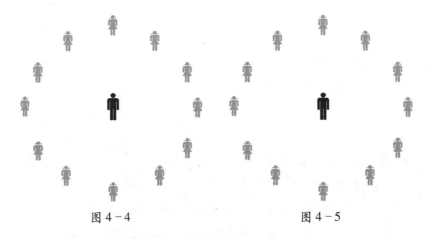

图 4－4   图 4－5

五、体验类：桃花朵朵开（如图 4－5 所示）

对象：零基础的学生

目的：锻炼灵敏性

要求：

1. 开始时按照顺时针方向跑动。

2. 圆心内队员喊数，喊到几，就几个同学抱在一起。

3. 个数与喊到的个数不同者，给予惩罚。

六、体验类：传球抓人（如图 4－6 所示）

对象：有一定篮球基础的学生

目的：移动中传接球技术、配合、合作

要求：

1. 全体队员分散至篮球场。

2. 两人传球开始，边传边用手抓人。

3. 抓到后三人传球，到 4 人传球，再到 5 人传球，直到全部被抓。

图 4－6

七、技术类：注意分散（如图 4－7 所示）

对象：有一定篮球基础的学生

目的：球性练习

要求：

1. 一手运球、一手抓起障碍物放下。

2. 连续运球到三分线，运球返回，下个队员开始。

3. 两队竞争，给予输队惩罚。

八、综合类：五区比赛（如图 4－8 所示）

对象：篮球基本功扎实的学生

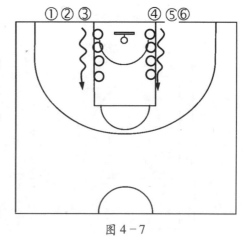

图 4－7

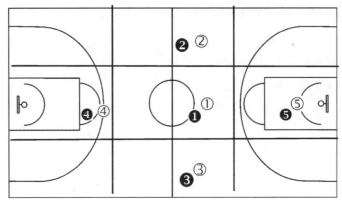

图 4-8

目的：配合、中锋策应

要求：

1. 篮球场九宫格分开，5 个区域站位。

2. 每个区域的人只可能在自己区域内移动。

3. 从中圈跳球开始，队员间通过传球、运球，将球转移到中锋策应位置。

4. 中锋一对一单打。

九、综合类：听音变向抓人（如图 4-9 所示）

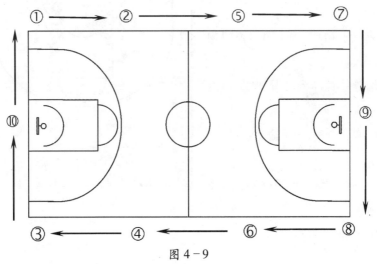

图 4-9

对象：初学者

目的：移动中的急停、转身能力

要求：

1. 队员相隔 3—4 米,分散在篮球场边线和端线。

2. 听到哨音按顺时针方向快跑,再次听到哨音后,马上急停转身,向相反方向跑,同为后者追前者。

3. 抓住次数多的受罚。

4. 可根据人数调整跑动区域。

主要参考文献

[1] 张月英.篮球专选课的组织与教法[M].北京：人民体育出版社,2006.

[2] 全美篮球体能教练员协会.NBA体能训练[M].孙欢,译.北京：人民体育出版社,2004.

[3] 中国篮球协会.篮球裁判员手册[M].北京：北京体育大学出版社,2017.

[4] 中国篮球协会.篮球规则[M].北京：北京体育大学出版社,2017.

[5] 武国政.篮球游戏[M].北京：北京体育大学出版社,2005.

[6] 张良祥.篮球专项化活动性游戏大全[M].北京：北京体育大学出版社,2004.